CHO首席人才官 商业与管理评论

（第二辑）

智联招聘　主编

中国财富出版社

图书在版编目（CIP）数据

CHO首席人才官商业与管理评论. 第2辑/智联招聘主编. —北京：中国财富出版社，2016.3
ISBN 978-7-5047-6040-1

I. ①C… II. ①智… III. ①企业管理－人才－招聘 IV. ①F272.92

中国版本图书馆CIP数据核字（2016）第037447号

策划编辑	葛晓雯	**责任印制**	何崇杭	**责任发行**	斯 琴
责任编辑	惠 婳	**责任校对**	饶莉莉	**装帧设计**	邵海波

出版发行	中国财富出版社		
社　　址	北京市丰台区南四环西路188号5区20楼	**邮政编码**	100070
电　　话	010-52227568（发行部）		010-52227588转307（总编室）
	010-68589540（读者服务部）		010-52227588转305（质检部）
网　　址	http://www.cfpress.com.cn		
经　　销	新华书店		
印　　刷	北京柏力行彩印有限公司		
书　　号	ISBN 978-7-5047-6040-1/F·2553		
开　　本	880mm×1230mm 1/16	**版　　次**	2016年3月第1版
印　　张	7.5	**印　　次**	2016年3月第1次印刷
字　　数	169千字	**定　　价**	39.00元

CHO®首席人才官
商业与管理评论
人是万物的尺度
Man is the measure of all things

/ Preface /

新雇主经济，让改变发生

人类经济活动的历史，其实也是一部雇佣关系不断进步的历史。从佣仆到学徒到雇工到职员再到合作者，雇佣关系的每一次变化都意味着社会生产力的一次跃进和生产关系、经济模式的大幅改变。这种改变除了经济本身的意义，也有人自身不断解放的意义，人从通过人身依附获得生存到能够独立而自由地实现自身价值，是人类从必然走向自由的一条途径。

今天，又一次到了改变的时候。

毫无疑问，今天我们已经进入了德鲁克在1969年所预言的知识型社会，表现在经济上，就是产业结构发生了根本性的变化，不只是第三产业占比超过第一、第二产业，而且是以知识、信息和网络为核心的各种新兴产业也都蓬勃兴起。这些新兴产业及其创造的各种新的经济模式正越来越快地改变着世界，也改变着生产和劳动的关系。

就在一百多年以前，劳工们还在为8小时工作制而斗争，大部分产业工人没有养老、健康、失业的任何保障，甚至没有加班费和带薪假，雇工在老板面前也谈不上平等，雇佣关系呈现不对等的一边倒局面。因为从供需的角度讲，低技术含量的人力资源不具有稀缺性，替代的成本很低。

但今天不一样，新兴行业和新型模式对于知识性人才的依赖程度越来越高，过去机器和厂房是生产资料，而今天专业知识就是生产资料，掌握专业知识的人是稀缺资源。因此，员工能与雇主站在同等的地位进行博弈。正如德鲁克所说：在知识型社会，将没有下属而只有合作者。

更为深刻的变化是，随着“互联网 +”的不断渗透和深入，传统的各个行业门类自成体系、相对封闭和较为稳固的经济模式正在被全新的分享经济模式代替。在这种新的经济模式之下，行业之间没有了明确的边界，资源和市场不再封闭，过去所有因为时间、空间或信息不对等造成的阻隔都大为削弱或彻底消失，一切将被重新构造和组织。对于雇佣双方来说，分享经济彻底动摇了过去由于占有资源不平等造成的单方依赖关系，雇员的价值充分放大，获得了前所未有的选择自由。在这种情况下，旧式的雇佣关系必将终结，雇主将学会分享与合作，新雇主经济必然来临。

这种合作式雇佣关系的意义也许远超我们的想象，因为它意味着个人在社会关系体系中的又一次解放，而从历史上看，每一次这种解放均会创造一次社会和经济的变革。如文艺复兴时期工匠和商人地位的提升导致资本主义萌芽，工业革命时期大量产业工人的出现，导致社会形态的变革一样。

仅从当下来讲，企业对于这种新型雇佣关系的认知和奉行也极有意义。2015年最佳雇主调研显示出的员工对于被尊重的极度重视，已经昭示着企业建立新型雇佣关系的必要性和急迫性。可以想见，在人才资本成为企业核心竞争力的时代，建立良好的雇佣关系模式、树立优秀的雇主品牌，从而形成企业人力资源的“马太效应”，使强者越强，必将成为企业未来重要的制胜之道和新的经济潮流。基于此，我们倡导并推进中国新雇主经济的发展。

托马斯·杰斐逊说过：“每一代人都需要一次新的革命洗礼。”我们正处于一个巨大的变革时代当中，我们将站在时代的潮头，让改变发生。

编　者

2016年2月

Business & Management Review New Center VS Old Power
商业与管理评论　新中心 VS 旧权威

Change　Value of Respect
变革　尊重赢得价值，2015 年度最佳雇主专题

3 Organization　组织

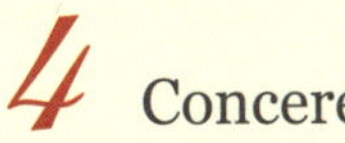

4 Concered 焦点

5 People 人物

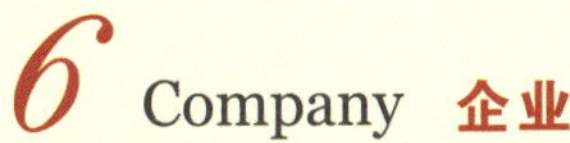

6 Company 企业

7 Voice 观点

8 Read 阅享

1

商业与管理评论
Business & Management Review

新中心 VS[①] 旧权威
New Center VS Old Power

1790年前后，当英王乔治三世问马修·博尔顿和瓦尔特他们制造的蒸汽机是什么的时候，他们说：是力量。此后的二百多年，由这种力量开端的工业革命把人类带入了富足的工业文明时代。在这个时代，雇佣和被雇佣是一种普遍关系，但却不是一种理想关系，很长的时间里，雇工难以获得平等的人身权利和尊严。而雇主由于掌握着资本和“力量”，成为不可撼动的权威。

但是，事情正在起变化。知识代替能源成为新的力量之源，以“知本”为核心的新型经济铺天盖地而来，新的力量打破了旧的壁垒，掌握“知本”的知识型员工崛起为雇佣关系的新中心，新雇主经济已然“登堂入室”。

旧权威余威尚在，但新中心已无可阻挡，它必将带我们进入一个崭新的时代！

① VS是Versus（对抗）的英文简称。

走向崭新的雇佣关系

文/王慧贤

王慧贤，香港大学space中国商学院讲师，曾在香港和记黄埔和美国国际环保服务公司从事人力资源管理工作。

根据智联招聘发布的《2015年中国年度最佳雇主白皮书》，“对员工尊重”首次超越薪酬福利成为最佳雇主的首要特征。同时，人力资源测评公司Hogan Assessment（霍根测评）去年的调查也显示“Hedonism”（员工幸福感或快乐指数）是时下员工最希望得到的。

但是，面对新一代85后、90后的年轻员工，一位互联网公司的人力资源经理却向我抱怨：有位入职没多久的90后员工直截了当地对他说“这里一个月的工资比我老妈给的零用钱还少，又不好玩，我不干了！”——就此辞职！这不是孤例，因为在我接触的其他公司里也普遍存在这种情况。总结来说，就是在企业管理者们看来，新一代的员工不好管了，他们没有敬业的意识，没有对企业忠诚的概念！实际上，真相也许并不是这样。对于这些成长环境优越，普遍受过良好教育的新时代员工，我们应该用心来了解和理解。

一、需求变化改变雇佣基础

我们应当了解现在已步入职场的千禧一代的年轻员工多数是在极度关怀的环境中成长的。按照马斯洛的需求层次理论，他们从出生到成长都没有生存之虞，衣食无忧，生活中方方面面都受到重视。因此，他们的关注点和从前的劳动者是不一样的，他们越过了生存、安全、社会归属和自尊的需求，直奔自我实现而来。

在不同的需求层次上，雇佣关系是有不同表现的，比如说职业的目的是生存和安全，那就不可避免要牺牲一些自由和自尊，员工和雇主必定处于一种不平等关系中；职业目的在生存之上还要满足被社会承认和自尊的需求，这个时候雇主仅给予物质报酬就不够了；如果职业的目的是获取自我实现，那雇佣双方之间就是一种实质的合作关系，企业提供平台和机会，员工提供技术和能力。当然，并不是每一位员工都具有这样对等博弈的资格，但至少他们都是这么想的。

所以作为雇主首先要了解这些新时代员工真正的心理需求，从相互尊重、平等以及互惠互利的基础出发，给予他们自我实现的机会。

二、专注力缺失催化雇佣关系危机

企业是要靠“人”来实现它的商业价值和社会价值，它的效益基于员工付出的脑力或体力劳动，但有效的劳动，特别是脑力劳动需要由员工的自愿选择来驱动。在影响员工选择意愿的因素中，专注力非常重要，有专注才会有选择，肯专注雇佣关系才相对稳定。

但这一代新人在成长过程中，不停被教育要一心多用、提升效率！其实这个说法早已被哈佛大学的幸福学研究专家 Dr. Matt Killingworth（马特·基林沃思博士）证伪了，他在2011年的快乐指数调研中得出结论：一颗游走的心是一颗不快乐的心。如我们一边吃饭一边看电视，或者一边工作的时候一边又在回复没有必要的信息……我们的脑袋被我们逼迫着不停去运行，在不同的事情上转来转去，没法在一件事情上深入和专注，大脑随时处在一种候命的状态。这样，工作的时候无法全心投入，休息的时候，也不能专心休息。更可悲的是，这样分心的结果会使人丧失判断力，往往不能把注意力聚焦于正确的方向，而注意力的偏差，一定会导致结果的偏差，比如说一个不专注的员工，也许他只会聚焦于公司的缺点，这带来一系列的后果，就是工作不认真、效率差，而且这山望着那山高，也许过不了多久就跳槽了，当然跳槽之后的结果还是这种悲剧循环。

另外，我们有一种错误的惯性思维模式也影响了年轻员工的专注力，就是关注缺点而不是优点，比如说孩子考了80分，家长通常关注的就是那20分去哪了？项目满意度90%，老板会问为什么不是100%？

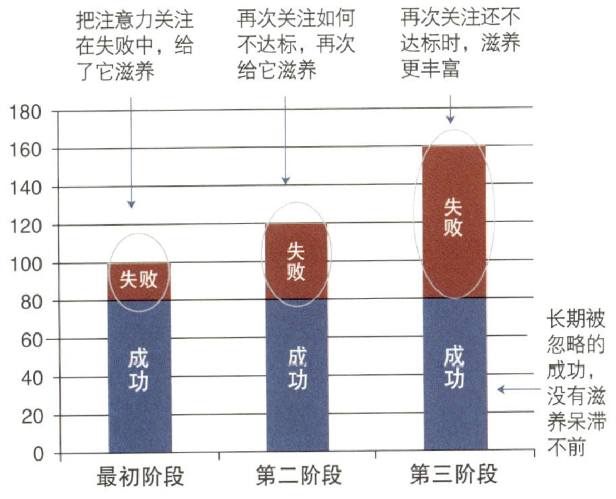

这种专注偏差对员工的影响即是他总是盯着公司的不足之处，陷入批判、对立、焦虑、抑郁的情绪中，不断地自我增压，实在承受不了时，就会选择与雇主对抗或是逃避。

上图是香港一家权威机构做的注意力与职业成功测试研究，从该图表可以看出：假设最初阶段一位员工在职业上失败与成功的比率是20%：80%，但如果他将注意力集中于失败的20%，到第二阶段，失败的概率就会增加到40%，成功的比率降为60%；如果他仍不改变这种注意力模式，到第三阶段，成功与失败的比率就是五五开了。到这个时候，已经可以宣称，该员工的职业生涯失败了，那么作为雇主一方没有及时正确掌控和引导员工的注意力，也是有责任的。

近年来，美国和欧洲多个国家已开始倡导“专注力管理”和“注意力经济”。“专注力管理”就是针对新生代员工容易被干扰，不能专心一致，无注意力掌控能力的特点进行管理介入；有多所国际著名大学在研究通过改善专注力使年轻员工正确面对和接纳当下环境、觉察和掌控自己的注意力，从而改善工作状态、改善雇佣关系方面已经获得了一些成果，总结出一些工具和方法。

“注意力经济”实际上是把注意力看作是一种企业的稀缺资源来开发和管理。因为根据统计，每位员工每天平均有46.9%的时间是处于分心状态中，如果能使员工的注意力聚焦到正确的事情上并延长集中的时间，将会大幅提高企业的工作效率，减少人力和时间成本，从而提升经济效益。但是，注意力经济的前提是，管理层必须先认真关注并因应雇佣关系的变化。

三、从前的管理行为，不能适用新型的雇佣关系

凡是成功的企业，无论是国企、民企还是外企，肯定都有它们特有的成功之道。但任何成功模式都有时限性和区域性，不可能任何时候都有效或放之四海皆准。比如，过去很多年，商学院和企业都很强调领导力，但是，早在2004年5月刊的《哈佛商业评论》中，Kate Ludeman（凯特·鲁德曼）和Eddie Erlandson（埃迪·厄尔兰德森）已经在《如何教练Alpha领导》一文中提出一个重要观点：一个企业领导的优点在新的经济模势下可能会成为企业停滞不前的主要因素和发展的隐忧。

最近有一位准备在新三板上市的公司的CEO（首席执行官）向我大吐苦水：大部分年轻员工没法跟随他所设定的组织目标、价值观和战略成长，他感到十分困惑和苦恼。为了改变员工的这种状况，他进入商学院学习企业教练技术，在公司引入教练式管理，也让HR部门为员工做了一系列的培训，包括人格测试、能力评估、360度评估等，但是效果并不明显，员工不太热衷这种课程。这位CEO曾经是一位非常成功的管理者，所以他没有反思自己的思维和方法是否有问题，只是感慨时下的年轻人不好管理！

实际上，真正的原因是：他没有觉察到自己与新一代员工在思维上明显的差异，还有更深层次的——互联网和高知识含量的经济摧垮了从前的管理模式。他从前家长式、军队式，带头冲锋的领导、管理方式已经不适应时代了，他从前的权威也得不到新一代员工的认可了。

时下的新一代知识性员工向往自由、要求被尊重、渴望自我实现，同时又需要工作和生活达到平衡，而且时代赋予了他们广泛的选择权！这些特质让当代企业不得不重新思考和定位雇佣关系，使企业的管理系统不会停留在当初创业成功的思维和管理窠臼里，这是当下最应该及时做的变革管理。

目前，有许多企业尝试通过教练式管理方法或工具，通过引导和改善员工专注力、激发和改变管理者思维模式来帮助企业构建新型的雇佣关系。值得注意的是，香港有些跨国企业最近还引入了中国文化味道浓厚的正念静观等理念和方式在雇主和雇员之间创造融洽关系。如在办公室内提倡“止语日”“正念空间”等行为，从员工的心理层面使其在繁忙中找到平静、舒缓压力、提升专注力，增强其职业稳定性。

在过去的西方式管理理论和方法面临危机，而新的模式还没有完全建立起来的情况下，这不失为一种有意义的尝试。此外，最近还听到有一些企业因为变革频繁，再次启用6Sigma（六西格玛）等非常成熟的绩效管理方法进行管理。可以说，迎接和走向崭新的雇佣关系，既要理解经济和历史的深刻变革，把握时代发展的规律，同时也要继承和发展旧的管理方法中的合理部分，使新旧共冶一炉，共同创新！

三百年雇佣，从零和到共赢

文/黄红发

黄红发，高级人力资源管理师，知名管理专家。

一、雇佣在法律与现实中的差异

雇佣关系在西方国家里，最早相对明确的法典始于1804年《法国民法典》，其立法原则可以被概括为：民事权利地位平等原则、私有财产所有权无限制原则、契约自治原则、过失责任原则。我国最早最具体的自有法典可以说是1995年1月1日实施的《中华人民共和国劳动法》，其基本原则为：劳动既是权利又是义务的原则；保护劳动者合法权益的原则；劳动力资源合理配置原则。

无论是我国20世纪针对性的劳动法律，还是西方17世纪通用性的法典，对于雇佣双方都是强调双方法律地位平等、权益平等、资源有效合理地配置为主。即从法律的角色来说强调了资方与劳方的法律平等。

虽然所有的法律反复强调资、劳双方的平等，但人类的本性是追求自我价值利益最大化，这是亘古不变的事实。早在2000多年前的西汉时期，思想家司马迁就曾说过：天下熙熙，皆为利来；天下攘攘，皆为利往。因此，人无利而不交，交必为利也。

资方相对而言是强者，他们拥有一定的主动权与选择权。作为资方，他们可以按照自己的需要寻找合作方。当他们的资源达到一定的程度之后，可以通过资源换资源，而使得其利益更大化。而劳方呢？因为没有外部的资源，就没有可选择的优势，他们仅有自身的脑力或体力资源，而脑力或体力都需要借用一定的外部资源才能更好地发挥出应有价值，于是他们不得不寻找第三方资源来体现自我的价值。即劳方不得不寻求资方的平台来发挥自己的力量，从而找到定位。

例如，在西方工业社会，投资方建设好工厂与设备，他们可以按照自己的意愿与要求来招聘工人，且将生产线上的工厂仅当作机器的一部分来看待，而不是从人性的角度来体会工人的“人”的需求。例如，1936年查理·卓别林出品的《摩登时代》电影，工人查理机械般地工作着只为获得填饱肚子的可怜工资。固化地工作使得查理眼睛里唯一能看到的东西就是一个个转瞬即过的六角螺帽。在查理的生活中一切六角形的东西都遭了殃，因为只要看见六角形的东西查理就会情不自禁地去扭。

即使这样，工厂的老板仍不满足，他甚至认为工人吃饭的时间都过长，于是美其名曰为了提高工人的工作效率，又引进了全新的吃饭机。这种吃饭机可以在最短的时间内“喂”工人吃完饭，这样自然而然就可以省下大量的时间用于工作。

西方工业社会如此，中方封建社会同样如此，大家熟知的恶霸地主——周扒皮——拥有土地资产的，长工们从鸡叫起床返工日落则收工。而周扒皮为了让工人们多干活，他却半夜学鸡叫，使得工人们提早起床为他披星戴月地劳作。

法律的本质是保持资、劳双方的权益受到有效地、公正的保护，但事实呢？由于不对资源与信息的不对等，资方强势而优越的一面就体现出来了，真正获利的一方则只能是资方。因此，资劳方法的关系一直处于极度的紧张局面，以至于出现工人们暴打“周扒皮”的两败俱伤的局面。

二、雇佣共赢是时代的必然趋势

从历史到现代，从西方到中方，法律与官方都是强调资、劳双方平等、契约自治。为什么数百年来，资、劳双方的关系却并不理想呢？台湾著名学者史尚宽先生认为：一是劳动契约的受雇人与雇佣人间存在“特殊的从属关系”，受雇人的

劳动须“在于高度服从雇方之情形下行之”；二是劳动者系提供其职业上之劳动力。

分析史先生的观点，似乎说明了一个本质问题：由于两者存在特殊的从属关系，即主与辅的关系，那么真正平等起来就不那么容易了。只要出现主与从的关系，那么“从属”者就不可能真正意义地上的“强大”起来。

资方拥有物资、现金、平台等资源，而劳方拥有智慧资源、体力资源、时间资源，理论上也可以做到以资源换资源。可实质上一个是外循环，一个内循环。资方的资源是外循环，而劳方的资源是内循环。资方的外循环可以和外循环交换产生第三方的价值，也可以是外循环与内循环交换产生第三方的价值。而劳方的内循环要想产生出更大的价值一定要与外循环相结合才能更好地发挥出价值。

历史上资方为何可以大方的、公开的欺压劳方呢？最主要的资源不对等，将劳方的体力与智

力仅当作工业生产环节中的一个固定部分，而并未发挥出应有的能动性。劳方也无法通过外资的力量来按自己的意愿发挥价值，而变得被动。

如今，信息时代和互联网经济呈现出去壁垒、无中心化、自由流动等特征，知识和技术成为核心生产力，员工具有了更大的博弈空间。企业的管理从单向的压力式的管理，变成以人为中心、发挥人的主观能力性为原则，将人从单纯的附属地位上升到主导地位。同样的流程，同样的投入，不同的人来操作其价值收益完全不同，最本质的原因就是人的主观能动性发挥不同。

在自媒体自由的时代，信息与资源不在被强者很独有，而是一种公共资源。只要有一定的能力，都能充分地展示出来让资方主动的找到你，当劳方从被动的求取到主动的被求取的过程，其实就是一大突破。

特别是在智力创造性越来越强大的今天，拥有创造性智力的劳方，他们将成为资本市场的香饽饽。正如当下人力资源管理体系中将人“从成本到资源，从资源到资本”认识转变一样，拥有创造性智力的人才将是最大的资本，其价值无可用其他资源能替代。这样就加剧了雇佣双方的谈判性，有效地促使双方共赢。

在智（劳方的智慧）与资（资方的资源）的关系中，从单向倾斜的压榨式的零和，到平衡式的合作共赢，从时代的信息有效传递的结果，也是时代发展的必然趋势。

新雇主经济下的员工管理

文/余群建

余群建，浙江工业大学MBA导师，高级人力资源管理师。

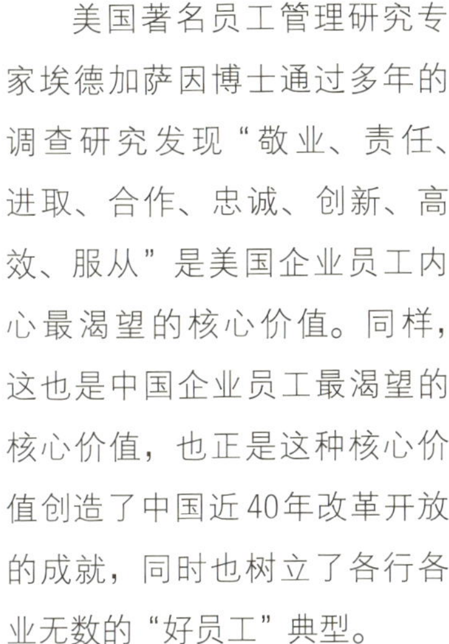

美国著名员工管理研究专家埃德加萨因博士通过多年的调查研究发现“敬业、责任、进取、合作、忠诚、创新、高效、服从”是美国企业员工内心最渴望的核心价值。同样，这也是中国企业员工最渴望的核心价值，也正是这种核心价值创造了中国近40年改革开放的成就，同时也树立了各行各业无数的“好员工”典型。

随着互联网经济的兴起和新生代员工步入职场，原有的员工管理模式越来越不适应时代发展，原有雇主“控制型”的员工管理模式已经旁落，而且现在大部分雇主“激励型”的员工管理模式也将旁落，未来3～5年，雇主“赋能型”的员工管理模式将成为主流，新雇主经济已经兴起。

一、新雇主经济下的新生代员工特点

（一）新生代员工五大性格特点

（1）个性鲜明。主要体现在敢爱、敢恨、敢说、敢玩，不再把能“忍、憋”看作职场人的成熟，对看不惯、看不顺、看不懂的事情，以最直接的方式向雇主提出，而且不在乎雇主的直观感受。

（2）乐于接受新事物。比如优衣库不雅视频，觉得就很正常，认为这是人性的表现，只是宣传渠道“错位”，但是不影响观看，思维大大突破了60后、70后的模式。

（3）思想独立开放。在职场上，认可团队并接受团队，但是更认可团队中每个人的能量和作用，对团队负责人要求更高，甚至颜值也是要求之一，对团队绩效规则或者游戏规则会要求“公开、公平、公正”。

（4）自我意识较强 。在求职应聘时第一问题会直接问“我的雇主能给我什么好处”，而不是“我能给雇主创造什么价值”，如果雇主批评不恰当或者认为工作环境差或者不接纳人际关系，这些都是导致“裸辞”的原因。

（5）网络依赖性强 。职场工作中，依赖“度娘”；生活中，依赖智能手机。4G网络或者Wi-Fi密码，是“再生父母”。

（二）雇主和新生代员工对职场认知的反差

笔者对近500名雇主问了同样一个问题：“你认为在下属最信任的3人当中，你是否排列其中？”调查的结果是：有70%的雇主认为“自己被员工信任”。

笔者对新雇主经济下的近千名新生代员工进行了调查，调查的问题是：①目前生活中，你最信任的3个人是谁？②目前生活中，哪3个人会影响你的生活质量/幸福感？③你是否信任自己的上司“雇主”？

调查的结果是：85%的新生代员工在第一个问题答案中并没有提及“自己的雇主”；在第二个问题答案中有些人提及“自己的雇主”；第三个问题答案中没有提及“自己的雇主”。

笔者针对5项比较有认同的离职原因，对数百名离职新生代员工进行了跟踪调查，结果如下表所示：

离职原因	雇主认为占比	员工认为占比	两者差距
对薪酬待遇不满意	31%	25%	一致
对雇主（上司）不满意	5%	20%	反差大
对工作氛围不满意	11%	15%	一致
对人际关系不满意	5%	11%	一致
工作强度太大	32%	3%	反差大

从调查结果分析得出，雇主与新生代员工的认知差距还是比较大。

在新雇主经济时代，“谁能用好新生代员工，谁就能掌握市场领先”将不日即到。

二、新雇主经济时代的员工管理特点

（一）新生代员工三激励需求理论

作为新雇主经济下的新生代员工，其内心深处有比物质金钱更高的目标与要求，就是有成就感需求、权利需求、归属需求。

（1）成就感需求。就是驱使新生代员工达到最佳与成功的需求，所以他们并不怕工作强度、并不怕加班到凌晨，是否具有成就感是新生代员工拼搏的动力。

（2）权力需求。就是影响他人行为的需求，影响他人是每个人心理最高层次的需要，他们信奉的信条是“不怕狼一样的对手，就怕猪一样的队友”。

（3）归属需求。想要与他人有人际关系交流的需求，“是为工作而生活，还是为生活而工作”？现在新生代员工诉求已经大有不同。所以，新雇主经济时代，合伙人事业企业正是满足了这种归属感的需求，劳动关系也必将从雇佣关系转变为合伙人联盟方式。

（二）新雇主经济时代员工管理的困难

任正非说：“我现在最担心问题是，华为的员工这么年轻、这么有钱。”在新雇主经济时代，雇主在新生代员工管理中普遍存在着2个问题：①员工不再为薪酬而工作，对物质和金钱的诉求降低；②员工不服从权威和管制。如果雇主还是使用传统的管理模式，用更加严格的制度、惩戒或命令来进行员工管理，那只能管住人的手脚，无法让人“志愿”付出“脑”和“心”。

（三）新雇主经济下，企业和管理正在走向无边界

在新雇主经济下，无边界组织的走向分三个层次。第一层次，“利我”走向“无边界商流”；第二层次，“利他”走向“无边界信息”；第三层次，

"利众"走向"资金无边界"。不同层级的无边界，其驱动、发展、圈子、组织、管理、人才、循环模式各不相同，并铸成其不同的模式流。

在企业和管理无边界模式下，员工管理摒弃传统模式是必然，否则企业组织将会社会发展趋势逐步淘汰。

三、如何解决新雇主经济下的员工管理

（一）首先要明确雇主职责

在传统管理模式下，按照剩余价值论，雇主就是股东，员工就是创造价值主体，雇主剥削员工剩余价值，员工获得部分劳动价值赖以生存。

但是在新雇主经济下，雇主这部分职责已经被弱化了，雇主必须能做到：①指引得了方向；②给得了方法；③凝聚得了人心，才能管理好新生代员工，才能"共赢"发展。

（二）雇主要给员工创造必要的机会

（1）做事的机会。新雇主经济下，"员工做事的机会"不是给岗位、定职责，而是敢于给员工"试错"做事的机会。

（2）挣钱的机会。新雇主经济下，"员工挣钱的机会"不是绩效管理和薪酬考核，而是：第一，是否给予员工按照其能力给予施展机会；第二，是否具有足够竞争力的挣钱机会。

（3）成长的机会。新雇主经济下，将摈弃"师傅领进门，修行靠自己"的模式，而是雇主全面引进EAP（员工帮助计划），帮助或者带领新生代员工成长，实现其个人价值最大化。

（4）发展的机会。新雇主经济下，将摈弃雇主决定员工职业发展"说你行，你就行，不行也行；说你不行，行也不行"的模式，而应该将员工个人能力的提升和组织发展有机结合起来，为其创造或提供不同的平台和机遇。

（三）新雇主经济下的雇主定位

新雇主经济下的互联网时代，雇主唯一要做的正确的事情就是"链接资源"。任正非认为组织领导者要能在幕后发挥影响力，把冲锋陷阵的成就感留给下属，做好组织领导的"悬挂能力"。并说："一个人不管如何努力，永远赶不上时代的步伐。我放弃做专家，而是做组织者。"任老给出了新雇主经济下的雇主自身的定位。

（四）新雇主经济下留住新生代员工的完胜三招

屠呦呦说："不要去追一匹马，你用追马的时间去种草，待春暖花开时，能吸引一批骏马来供你选择。"新雇主经济下，留住新生代员工，必须学会掌握以下完胜的三招。

（1）第一招：薪酬和平台。马云说："员工离职，要么钱没到位，要么心受委屈了。"点评得非常到位，尽管新生代员工对钱不是很看重，但是钱没给到位是万万不行的。在薪酬不能给到位的情况下，应该给平台，以满足新生代员工激励的三个需求。

（2）第二招：愿景。没有愿景就像心灵在流浪，在外界诱惑下将无比脆弱，在新雇主经济下，因为有愿景才有目标，有目标才有希望，有希望才能有驱动力。

（3）第三招：雇主自身魅力。尼克松说过："领导者必须要有追随着，才能称之为领导。"雇主作为组织领导，其权利来自于两方面：一是组织赋予的权利；二是领导者自身拥有的个人魅力。古人言"士为知己者死"，就是这种领导者自身的魅力。

新雇主经济下，如果"选、育、用、留"好新生代员工，最终还是取决于雇主自身。"种下梧桐树，引得凤凰来，你若盛开，蝴蝶自来。"

"员"族崛起，从经济人假设到自由人推定

文 / 杨洪峰

两年前有一部比较热门的好莱坞电影《猿族崛起》，讲述的是未来某个时代猿类具有了智能后，开始向人类挑战，谋求平等的地位和权益。这是一个政治隐喻的故事，但也有其经济学和管理学的启示，可以用来象征人类雇佣关系的历史。人类的雇佣关系，即是从雇工、雇员阶层的蒙昧和被雇主压迫到其拥有力量、争取平等的过程。当然，作为一种关涉面十分广泛的经济关系和社会关系，它变动和发展的动因要复杂得多，但从深层意义上，它实际上是人不断解放的一个过程，是人由"经济人"属性发展为"自由人"属性的一个历史过程。

一、经济人假设奠定工业时代雇佣关系基础

1776年应当说是人类历史上划时代的一年，这一年的3月，英国人詹姆斯·瓦特制造了第一台可以实用的蒸汽机并很快在煤矿应用；同月，亚当·斯密的《国民财富的性质和原理的研究》在伦敦出版。这个时候，英国的工业革命刚刚开始，以上的这两项成就，一个从物质动力上，一个从精神理念上，为工业时代的狂飙突进做好了准备。

亚当·斯密重要的贡献，一是奠定了市场经济理论的大厦，二是提出了"经济人"的思想（"经济人"名词的正式出现是由约翰·穆勒于1836年完成，但亚当·斯密是这一思想的最早创建人），也即经济体系中的每个人都是绝对自利的："他通常并不打算促进公共的利益……他所盘算的也只是他自己的利益。"但是这种自利由于受"一只看不见的手"（即市场）的指导，使得"他追求自己的利益，往往能使他比真正出于本意的情况下更有效地促进社会的利益"。

尽管从当时及以后，不断有人对亚当·斯密的"经济人"假设提出质疑和批评，但是毫不影响它巨大的波澜覆盖了以后的世纪，成为整个西方现代经济学的基础，并在此基础上构建了现代管理学的体系。

经济人假设对于工业时代雇佣关系的影响是根本性的——如果说新教伦理奠定了资本主义的精神基础，"经济人"理论就是奠定了大工业时期雇佣关系的伦理底色。由于人都是自利的，并且具有精于计算

和权衡利弊的理性人特点，所有行为的出发点和归结点都是使自身的利益最大化。因此，雇主一方可以毫无道德顾虑地榨取雇工的劳动价值，甚至在不影响能够持续这种榨取的前提下，拒绝考虑雇工的生命权和健康权。而在雇工一方，由于不具有生产资料，又被新兴的机器挤占了大量劳动空间，因而只能以牺牲其他权利来谋求最基本的生存需求。这样的雇佣关系是没有平等可言的，也显失公平，雇主因为拥有资本，掌握着“经济人”绝对的主动权，而雇工只是一种人格化的“物”，或者说是会说话的机器，靠向雇主出卖劳动力来生存。

其后，由于劳工运动不断兴起，政府也从公平正义的角度进行干涉，雇佣关系向着保障雇工基本人权、保障雇工经济权益的方向发展。但总体而言，这个时代的雇佣关系还是一种不平等的“对立关系”，雇主占据着主动地位，雇工是雇主或者机器、工厂的附属物。

即便是到了近现代，科学管理兴起，其理论的基础仍然是“经济人”假设。科学管理以工人为纯粹受经济利益驱动的“理性经济人”为前提，构建了标准化、程式化的，以提高单位人生产效率为目标的管理模式和系统，工人被局限于某一生产链条中的某一岗位或某一环节，像机器零件一样被利用或替换。可以说，从本质上讲，科学管理只是雇主主导的“物本管理”的科学化，雇员一方仍然被忽略了人的社会属性、精神因素和物质之外的其他需求。

这种情况在主要工业国家一直持续到20世纪六七十年代，只不过由于社会文明程度的整体提高，人权意识深入人心，再加上工会的力量和劳动法律、社会保障体系的完善，在20世纪,雇佣关系状况有了极大地改善，劳资矛盾极大缓和，但在整体上，雇主与雇员之间的不平等地位是一贯的。

二、雇佣关系的整体演进是趋向平等和扩大自由

如果考察人类雇佣关系演进的历史，不难发现其与社会发展阶段和人自身不断解放的历程是密切相关的，整体上趋向于雇佣双方的地位平等和扩大被雇佣者的自由权力，包括人身自由、职业选择自由和工作的自由度等。

如果把雇佣关系定义为是一种在自愿基础上订立的契约关系而非强迫劳动，那么雇佣的历史至少可以追溯到奴隶制社会之后，较为确定的如中古时期的佣人、雇农、手工业学徒等职业。在这一持续一千多年的时间里，无论是东方还是西方，雇佣关系呈现出明显的人身依附特征，雇主往往是主人，而不是老板。由于社会生产力水平低下难以提供多样的谋生手段，森严的等级和分配制度也阻碍了大部分人改变命运的可能，因此多数被雇佣者不得不牺牲一些人身权利来向雇主换取生计，有的是终身甚至二代、三代受雇于同一家族。手工业者和小商业者雇佣的学徒，实际上也是被剥夺了一部分人身权利的价格低廉的雇工。中世纪欧洲的学徒工在签订契约时必须承诺忠诚于雇主并服从雇主的命令，不得做任何伤害雇主的事情，不能逃跑也不能在学徒期间结婚，否则就会受到法庭的审判。此外，中世纪的雇主们通常会通过组织行会，或唆使政府采用行政、法律等手段来限制雇工的工资和权利。

在这样不平等和严苛的制度下，被雇佣者所受到的压迫程度可想而知。中世纪雇工的劳动时间都在十四五个小时，如1563年英国议会通过的《关于各业工匠、工人、农业仆人和徒工的立法》中规定:“受人雇用的手工匠和工人，从三月起到九月止，在这些月份内，早上要在五点钟或五时以前开始工作，一直干到晚上七八点钟……从九月到次年三月的这些月份间，要在一清早就开始干活直到晚上。”从人身地位上，这时的雇工实际上并不比奴隶好多少，如英国1351年的劳工法令规定“从一个郡前往另一个郡的劳工将被监禁”，1361年的劳工法令也规定离开工作地前往其他村或郡的劳工可判以监禁、流放，并在其额头上烙上犯罪印记，而且一个镇的长官就有权将拒绝证明自己清白的劳工监禁15天。

在整个中世纪，这样的法令非常普遍，可以说，黑暗的中世纪也是雇工的黑暗世纪。

工业革命后，工厂遍及，生产急剧扩大，由资本家和产业工人组成的新的雇佣关系迅速登上历史舞台。这个阶段的雇佣关系比起中世纪来，人身依附色彩减弱了，雇主由主人变为了老板，工人可以相对自由地选择雇主。但由于产业工人的劳动构成以体力为主，劳动力供给供大于求，而雇主又占据着资本和生产资料，因此，工人们并不具有对等博弈的资本。再加上工业时代对自利的信仰和对利润的追逐“撕破了中世纪温情脉脉的家庭面纱”，因此这一时期雇主对雇工的压榨

和剥削非常残酷。以英国的煤矿工人为例，他们每天劳动的时间会在15小时左右，有时会连续30多个小时不休息，但报酬仅够自己糊口，许多家庭中的妇女和儿童都被迫出来工作。悲惨的是，这些超负荷工作的工人包括童工还可能会受到殴打和人身侮辱。

由于产业工人队伍不断壮大，开始组织起来抗争，这一时期也成了雇佣关系史上对抗最为激烈的时期，劳资冲突层出不穷，罢工运动风起云涌，甚至发展为社会革命，各国政府不得不出面进行调解，最终使工人的境遇和状况大为改观。1847年，在经过16年的艰难推动后，英国终于通过了10小时工作日法案，1868年，美国又出台了8小时工作日法，雇工的人身权利开始得到尊重。到第二次世界大战前，各主要工业国都已有了比较完善的劳动法律制度和社会保险制度，从法律上保障了雇工的人格平等和人身权利。

20世纪五六十年代起，西方科技产业高速发展，同时第三产业兴起，使经济发展模式发生了较大的变化。最为重要的变化之一就是资本和物质生产资料不再具有决定性，知识和技术投入所占的比重越来越大。这种情况越往后越明显，进入21世纪，可以说，我们已经身处知识经济的时代，并且互联网又大大促进了知识经济漫衍的深广程度。对于这个时代的雇佣关系，事实恰如德鲁克所说："知识社会是一个以雇员为主的社会""在知识社会中，同样重要而且可能更重要的是雇员，即知识工作者，因为他们拥有生产工具"。无论是就业权益、择业自由、社会地位还是劳动所获得的报酬，今天的知识型人才所能够拥有的都是以前时代的受雇佣者无法想象的，可以说，"员族崛起"已是一个不争事实。从近些年企业对雇主品牌建设重视的程度也可以看出雇主一方所面临的压力。但是，对于雇员这还不是一个最好的时代，因为从总体上，所获得的仍然要少于所付出的，仍然要受制于各种经济关系和管理关系，并不能自由充分地发展自我，不过，这个最好的时代将要到来了。

三、迎接新雇主经济，"自由人"时代即将来临

正如卢梭感叹的"人生而自由，却无往不在枷锁之中"，而长久以来束缚人的自由意志的无非两种事物，政治和经济，这两者又无非是通过占有和垄断资源来剥夺别人的权利。相比较而言，打破政治权利的垄断尚属容易，现代成熟的民主社会实践已经可以保障人的相对自由。但打破经济状况对人的束缚却不那么容易，因为它一定是遵循着社会生产力发展规律的，历史上，政治改革可以适度超前，经济改革却不能。

人生来世间，对经济的需

求是第一位的，因而经济的发展水平也在更深广的层面影响着人类的方方面面，包括自由。很难想象，一群人会在没有生存保障的情况下追求自由意志。也是在这个意义上，休谟喊出了“哪里没有财产权，哪里就没有自由”。

从整个雇佣关系的历史来看，实际上在20世纪之前的大部分时期，雇工作为一个阶级整体上都没能摆脱生存的匮乏，人们的劳动都是为生计所迫。即使到了今天，雇员的财富和社会地位普遍大幅提升，但劳动仍不是自由的，大部分人的劳动仍是为了生活得更好，而“自由王国只是在由必需和外在目的规定要做的劳动终止的地方才开始”（马克思《资本论》）。

雇工或雇员一方经济上匮乏的原因，一方面是由于长时期的前工业社会生产力水平低下，社会整体财富不丰富，另一方面也是由于雇主一方往往占据、垄断着生产资料、生产工具等，雇工一方很难获得创造财富的资本和工具，只能靠出卖劳动力来生活。

但这已经是旧的生产关系或旧的经济模式时代的事了，今天，知识经济和互联网经济的出现打破了这一切。从知识经济的角度讲，知识、思想、创意这类无形资本的重要性已经胜过了金钱、机器、设备这类有形资本，大脑成了经济的核心驱动力，而它是不能被任何雇主所垄断的。从互联网经济的角度讲，互联网打破了过去传统经济从生产到交易的每一个壁垒，也连接了这中间的每一个环节，雇主对于生产资源的垄断和占有都已不可能，在互联网经济中每个人都可能是一个新的中心，从而每个人都拥有前所未有的创造财富的空间和潜力。

知识经济解除了人对雇主和资本的依附，互联网经济解除了人对特定的工作区域、工作环境、工作设施的依赖，并且能够更有效地利用和分配资源。这样，传统的雇佣关系将不可避免地走向消亡，而资本与知识的合作或多种元素的整合，生产资源及成果的分享或共享等，将会构建一种全新的经济模式和经济关系，也将生成一种全新的雇佣关系。在这种新的雇佣关系中，雇员不再是为了谋生被动地劳动，而是通过与雇主的资源置换或优势聚合，努力地实现自我价值，这时甚至将不再有雇主雇员的明确区分，也没有稳定的雇佣和被雇佣的关系，双方都是为着同一目标和共同理想奋斗的合作者，每个人的成就和价值同时为其他人提供了成就和价值，这正如马克思所描述的“在那里，每个人的自由发展是一切人自由发展的条件”。

这种新的雇佣关系将对经济的运行和发展产生重大影响，企业雇主必须摒弃旧的思维，放下身段，以全新的心态和思维来重视和吸引人才，靠人才积聚形成知本和资本的积聚，才能赢得竞争——我们可以称之为新雇主经济。更本质地来看，这种新雇主经济的实质是共享经济、合作经济、人才经济和自由经济，它所蕴藏的机会和包含的力量不可想象！这不是臆测，2014年，首都经贸大学人力资源管理系曾做过一项雇主调查，结果表明最佳雇主企业的利润增

长率平均在其他企业的一倍以上，而这仅仅是新雇主经济的开端。

“人是一种经济的动物”，在每一种对人性假设的背后都有当时的经济条件作背景。当亚当·斯密和约翰·穆勒提出“经济人”假设的时候，他们面对的是社会财富相对匮乏，多数人需要为温饱挣扎的时代，生存是第一需求，因而自私的人性是合理的，而且也是必需的。而当时代发展到今天，社会财富已经极大丰富，生存不再是第一需求，而且技术的发展提供了更高、更强的可能，那么自我实现就成了最高目标，“自由人”就成为了新的属性。而以“自由人”为基础构成的新型雇佣关系和新雇主经济模式，无论如何是人在经济领域里的一次进步和解放。从人类的历史来看，人每一次从自然界或社会关系中获得解放，都将促使人类社会的一次大发展，我们期待着见证！

最后以罗宾·蔡斯著的《共享经济——重构未来商业新模式》中的一句话结束本文：“当个人能获得大量资源从而成为具有创造力的不可替代的生产者时，这将是对个人价值的一种赞颂。”

2

变革

Change

尊重赢得价值，2015年度最佳雇主专题

Value of Respect

2015年，智联招聘与北京大学企业社会责任与雇主品牌传播研究中心共同主办了2015年度的中国最佳雇主评选活动，这是智联第十个年头踊跃推进中国的雇主品牌建设。十年来，中国企业对雇主品牌的认知发生了很大变化，从装饰点缀成为必修功课。

同往年不同的是，此次对最佳雇主调研的结果显示出一个重要信息——中国企业雇佣关系彻底变革的时代正在到来。一个重要表征是，"对员工尊重"成为员工认为的最佳雇主应具备的首要特征，而不是此前的薪酬福利。其次是，企业已经认识到固守原来在雇佣关系中的主导地位将失去人才优势。

也就是说，今后，企业只有尊重人才，才能获得人心，才能赢得价值，这是新雇主经济的要义。

与此呼应的是，在首都经贸大学的调查中，最佳雇主企业拥有比一般企业高一倍以上的利润率，员工敬业度也要高20%以上，这可以看出新雇主经济具有的实在意义。

尊重的形式多种多样，但内涵只有一个，就是真诚，真诚地对待员工、爱护员工、珍惜员工。我们从2015年的最佳雇主中选取7家企业，展示他们从不同方面体现尊重，实践新雇主经济的实绩。

Baidu

百度一下

你想要的这里都有

文 / 何雅

和百度的人力资源经理们谈到百度的奖惩制度和绩效管理时，他们认为金钱的奖励固然重要，但更重要的是企业文化、员工关怀甚至是企业的发展方向。留住员工的心，不仅仅要在绩效奖金上动脑筋，更应该有一个更全面的人力资源管理体系。“我们有15字方针”，在谈到百度的人才管理体系时，百度绩效与激励经理许湛冰说道：“明方向、促成长、重认可、有回报、暖人心，这15个字就是百度的人力资源管理密码。”

明方向：以共同的使命和文化来凝聚人

“明方向”的核心思想是要求每一个体系、部门、团队都是一个“有目的的组织”。百度文化落地小组的负责人说道：“在百度，我们所指的这个‘目的’跟一般意义上的‘公司文化’不同——你的目的和你的现状之间存在一个差距，而你工作就是为了缩小这个差距，达到目的。组织所做的一切工作都应该是为了这个‘目的’服务，而不是为了组织中的个人服务。”明方向的工作恰恰就是不断地向员工传达公司、体系、部门乃至团队的明确“目的”。每个月，百度大厦最大的会议室“五福”都会上演一场文化故事会，故事会采用了话剧、访谈等多种形式来演绎公司各体系成功达成“目的”的团队的故事；每一季度，高管团队的战略会议内容都用学习课件推送分享给每一位员工；每一年，各位副总裁都会亲自走上讲台，讲述以价值观为本的领导力课程。对于刚进入百度的新员工，不管是校招还是社招人员，都会有一位新人文化导师在试用期内为其答疑解惑，帮助百度新人更快地融入公司的文化。“大家明白该做什么，怎么共同去做，才能最终拧成一股绳去用力。"百度文化落地小组的负责人如此说道。

促成长、重认可、有回报：不以KPI论英雄、给最大的空间、看最后的结果

许湛冰告诉我，百度向来不吝啬给员工施展的机会，无论你是职场小鲜肉还是技术达人，这里都有足够多的机会让有能力的你脱颖而出。2006年7月，郭谢以一名普通应届生的身份加入了百度，入职仅仅3个月，郭谢就高质量地完成了贴吧检索架构升级项目的设计、开发、测试和上线，开发代码3万多行。2012年3月，郭谢入池潜力股项目，之后不到3年就晋升两级，升至副总监，如今已经成为了百度数十名80后总监队伍中的一员。"促成长其实就是给员工一个舞台和空间，优秀的人才会在工作中不断成长、挑战和自我实现。"许湛冰谈到："百度已经成为了很多技术控新人的天堂，足够广阔的空间让他们把潜力发挥到了最大，这里的空间不仅仅指舒适的办公环境，自由的上下班安排，更重要的是给他们真正有挑战的机会。"

通常，员工培训在提升企业人力资本及组织资本方面的作用不可替代。过去很长一段时间，许多企业的员工培训往往流于形式，仅将培训作为员工熟悉企业情况的方式，既浪费人力物力，又剥夺了员工进步的机会，把培训做成了"赔本生意"。而在百度，通过百度学院和度学堂，你可以体验"花样式、移动化、碎片化、游戏化"的培训模式。

百度现在更关注的是如何让员工"学习"，而不是说"培训"。"培训"一词比较强硬，"学习"则为员工提供了更多的自主选择空间，使体验更加个性化。以往培训都是公司统一安排时间，员工必须要迎合公司的时间。但现在，百度推行个性化、碎片化、游戏化、移动化体验，公司只需提供学习资源，并通过对员工的全景画像制订每个人相对应的课程，员工可以自己掌控学习时间、学习地点、学习内容。

这样一来，百度进行员工培训就并非只考虑到了公司的需求，而是更多地站在员工角度去考虑员工的需求，让员工明白百度并不只看到员工对公司的贡献，而且也非常关注每位百度人的成长。这样，就可以产生一种双赢局面——公司给员工发展的空间，促进员工的成长，员工也会用提升的技能来满足公司的需求，做出更大的贡献。"我们在制定人才发展策略时，不仅会考虑到公司的需求，还更多地考虑员工的感受和需要，所以在百度，只要用实力说话，那么你想要的我们一定尽力给。"百度的培训发展经理笑言。

即使在百度这样的互联网公司的日常工作中，一些人还是不敢去挑战，不愿去创新。所以，百度从2013年起不再以KPI（关键绩效指标）的完成来考核员工。"我们不能用一堆12个月之前制

定的数字来判断员工贡献的大小。”许湛冰在谈到百度的差异化考核机制时说：“重认可意味着我们能让真正的人才意识到自己对部门、对公司的重要性。”百度创新的绩效考核机制不再只单独看KPI，而是引入DELTA（即增量，指员工对公司全年的贡献），核心原则就是——认可贡献、考核增量、更加公平。为什么要这样做呢？就是希望真正做到，以对组织的贡献和价值来衡量员工的产出，只要做得好，自然拿得多。

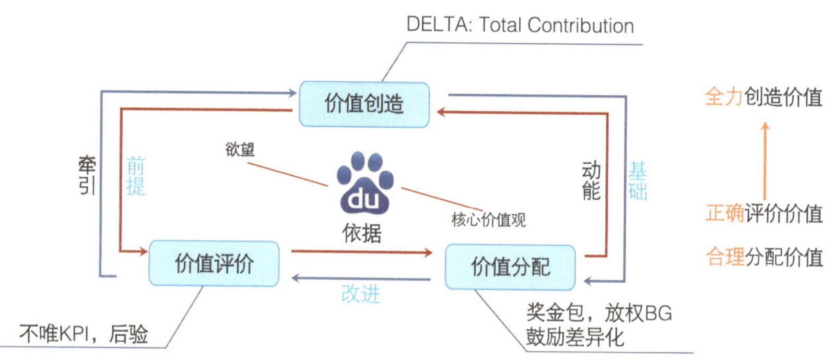

DELTA：Total Contribution 绩效考核模型

暖人心：小温馨、大体验、HR要比员工更懂员工

随着一大批90后进入工作岗位，新生代员工价值观更趋多样化，单纯基于绩效的薪酬福利体系的吸引力越来越弱，各公司的员工关怀福利也越来越同质化。以“小温馨、大体验”为理念，百度的人力资源部开始采用灵活的自助式福利体系来适应员工的多样化需求，让每一位百度员工都能从不断的小温馨中，感受到公司对员工的温暖。

百度在为员工提供国家规定的各项社会保险的基础上，还打造了“王叔便利店”“波波健康馆”“贴贴兴趣组”和“布鲁关爱站”四个主题关怀福利品牌。每位百度人都能从PC（个人电脑）、手机两个平台上享受到二手市场、租房平台、交通出行、糯米折扣、O2O（线上线下）上门、看病挂号等生活细节上的便利；参与减肥训练营、小小度游乐园、度家书、单身大趴等丰富多彩的各类针对性主题活动；离职员工也能通过百老汇的平台获得百度提供的创业支持……百度的关怀福利就是这样从小事着手，让员工处处都能感受到暖人心的体验。

2011年百度最高奖获奖者之一石立权就感慨地说：“我以前觉得，在百度我只是个小人物，但是我的想法、我的贡献居然得到这么大的认可，那我以后还有很多想做的事情也许也能得到认可，我的价值将能进一步实现——这是百度这个大平台最令人激动的地方，也是百度给我最大的感动。”

凤凰网：www.ifeng.com
用人同理心，贴近你的心

文/何雅

凤凰网CHO　李琳

在凤凰网工作是很多媒体人的理想，细数原因有二，一是因为凤凰网在社会上有巨大的影响力，其坚守的有社会责任感的媒体风格和形象深入人心；二是因为凤凰网的员工对这个平台的认同感和荣誉感，在职业圈里形成优秀的口碑。

从人才市场的一般规律来讲，每到岁末年初，即每年的1～3月，都是企业人才大批流动的时候，形成一种人才迁徙的“候鸟”现象。一家雇主能否赢得人心，在这个时候体现得最为明显。但凤凰网似乎对于人才流失有着超高的“绝缘性”，用人力资源总经理李琳的话讲，即使是个性张扬，崇尚自我的90后，也能在凤凰网找到很好的归属感和认同感。

从外边跳槽来到人力资源部的一位同事，对于凤凰网在年关过后的这种安静和稳定感到非常惊奇，她说：在其他的公司，年终奖基本就是员工在企业工作经历的结算单，而在凤凰网，年终奖更像是一种阶段性地公司和员工之间互相认同和亲密对话的仪式。许多企业员工拿完年终奖就离职跳槽的现象，在凤凰网却很少见。年后，这里一切鲜活有力、依然如故。

那么，究竟什么是凤凰网留住员工的魅力所在呢？李琳说：这是凤凰网独具特色的“跨时代同理心”人才管理武林秘籍起了作用。

武林秘籍之一“挖金子”

这是90后的年代，更是追求自我、热情奔放的时代。“凤凰现在有近1/4¯1/3的员工是90后，新人才的挖掘与培养，是我们人力资源管理中的重中之重。”李琳称，作为互联网行业，凤凰网从来不吝啬于给年轻人更多的空间，而随着社会大环境的改变，这些在重度关爱下成长起来的新人才，因为生活环境的改变，他们大多不如前辈们那么看重薪酬，反而更加追求精神上的参与及氛围上的认同，有强烈实现个人发展与成长的愿望，希望企业为他们提供更多支持和培训，实现个人的发展与成长。

因此，如何发掘与培养这些新新人类中的高潜力人才，就成为了凤凰网人力资源部的重点工作之一。这些高潜力人才对自己有更高的期望，也更在意企业对他们是否有完善和切合实际的培养计划，而不是提供一系列不疼不痒的培训课程。所以这需要人力资源的管理者重新制订方法来激发他们，并给出广阔的舞台让他们去参与，去秀出自我。正是对于这种同理心的理解，让凤凰网人力资源部在工作开展中得心应手。比如去年和今年，凤凰网校园招聘海报的主导和设计人员大胆起用了90后，他们参考了当时很火的真人秀中“最强CP（合作伙伴）”的理念，用最为跳跃的思维来设计海报，并且将自己感受到的公司文化融入其中。这样，公司高管与一个在前一年通过校园招聘进入凤凰网的员工组成“最强CP”，以导师带学生的组合形式，鲜活而抢眼地展现在应届毕业生面前，告诉那些看到海报的同学：“你就是凤凰网未来的最强CP，最棒的导师就在你身边！”

事实证明，这个想法非常成功，受到求职学生的普遍欢迎。这样放心、放手地让90后员工去发挥自己的能力和想法做事，不仅让公司获得了有益的回报，吸引了更多潜在的“小凤”飞向凤凰网的“凤巢”；更是在工作中磨炼和挖掘了新新人才中的金子，让他们在开放包容的环境中迅速成长，既发挥了他们的能力，也让他们获得了足以自豪的成就感和应得的奖励。

值得注意的是，在推动这群年轻人的过程中，李琳认为有两个关键点格外重要：沟通与倾听。

这群刚刚毕业的年轻人都有着对美好未来的憧憬，有独立的想法，有明确的发展方向，有着对自我理想的追求和对个人自尊的坚持，他们希望被倾听和理解，而不是被强加的别人的意志，因此，作为人力资源管理者要用更加平行的视角去尊重和理解他们。同时，针对年轻人不可避免的好高骛远的特点，HR（人力资源）还需通过反复的沟通和引导，在职业理想和能力现实之间为他们寻求平衡，规划合适的职业发展路径，从而打造合理化的人才梯队。反复沟通、沟通与规划相结合才是达到企业与人才的共赢的不二法则。

正因为凤凰网的开放性和包容性，吸引了一些其他行业里的“大咖”加入凤凰。李琳说：“去年我接触了一位同行业的精英来凤凰网面试，我觉得他如果在凤凰网的话，早就是总监级了。但他在原企业却没有上升空间，他上面还有个副总监，如果那个人不走的话，他就得不到晋升，无奈之下只得寻求更广阔开放的发展平台。但这种情况在凤凰网就不会出现。首先，公司多元的内容能够提供的职位空间非常可观。另外，从人才管理上我们每年都要做人才盘点，结合多种培训与激励手段，合理化人才结构。这样，一旦我们发现某些员工有能力独自承担任务时，就会主动开放一些项目让他带团队去做，让他在实践过程中得到磨炼，开拓其向上发展的空间。"

李琳认为凤凰网的优势是能够打造成长性的平台，这才是优质人才所重视的。同时，管理结构很扁平的凤凰网，也非常重视在工作管理中对员工授权和放权。就在几个月前凤凰网CEO（首席执行官）宣布将进一步扩大80后、85后在管理层的比例，因为未来的世界是他们的，而凤凰网要做的就是挖出每一颗金子让他们发光。

武林秘籍之二"年终奖"

薪酬在哪儿都是个敏感的话题，但李琳一点也不避讳。因为凤凰网的盈利模式跟其他的互联网公司相比，结构更加明晰，"我们的待遇一直是市场上的60～75分位，是中等偏上的薪酬水平。也就是说，总体可能会比同行业的BAT（百度、阿里、腾讯）低一些，但是与同量级新媒体领域的知名企业持平。"其实在竞争更加透明、薪酬更加多元化的今天，同行业内薪酬的可比性越来越低，但是，是否公正、公平则关系到人才体系稳定的大局。

例如，就人人都很敏感的年终奖问题来说，科学、公平、公正地发放年终奖，不仅是对员工劳动价值的认可，同时也能进一步增强公司的凝聚力，激发员工的积极性和创造性，留住核心人才。反之，则会产生相当大的负面影响。近年由于工资划分、工资管理、劳动标准等方面出现一系列的变化，使得年终奖核算规则变得复杂起来，那么作为人力资源管理者，就要首先明确年终奖的发放准则，按照KPI（关键绩效指标）制定过程中双方认可的标准严格履行，同时年终奖的发放还要贯彻与公司发展阶段和公司管理状况相一致的原则和多元化奖励的原则，在发放过程中还需要注意充分地沟通，尽最大可能实现公平公正，最大限度地合理化激励员工。使年终奖不单是结果上的奖优罚劣，也是对员工的一次深度绩效剖析，成为促进员工成长的原动力。

另外，从另一个角度讲，年终奖的发放实际上也是公司的一种投资，这种投资是给员工创造一种良好的环境，表现公司对员工价值的认可，增强员工的忠诚度和公司的凝聚力。因为，如果没有员工的忠诚度，就无所谓企业及客户价值的实现，更谈不上使命和愿景的达成。发放年终奖或其他奖励形式，是企业珍视员工的表现。如果把员工放在第一位，年终奖一定是企业年底重点考虑规划的项目。

李琳认为，年终奖之所以成为岁末年初职场关注的热点问题，很大程度上在于它的不确定性。年终奖金科学、公平、公正的发放，不仅是对员工劳动价值的认可，同时也能进一步增强公司的凝聚力，激发员工积极性和创造性，留住核心人才，实现员工与企业的双赢。李琳说，在很多人看来年终奖是一把双刃剑，有些企业的员工拿完年终奖，转身就跳槽换工作，而在凤凰网这种情况相对比较少。因为凤凰网非常重视公平、公正的原则，她说："我们不会因为资历浅而让有实力的新员工在绩效考核的时候受到影响。"

武林秘籍之三"领导力"

都说发年终奖是一个技术活，其实这里蕴涵着人力资源领导力发展的秘密。作为从事人力资源工作多年，有着丰富经验的李琳来说，从追随着企业起落到引领企业的战略策略，她不但深谙三分管理七分用的道理，更有自己独到的管理模式和理念。

首先是情绪管理的能力。企业里的人力资源一般都不是定位在业务岗，需要通过管理的手段撬动、推动业务发展；从业务的角度看，是"警察局"也是"后勤职能部门"，可以说管理和服务的角色兼而有之。业务部门对人力资源管理的轻视与抵触，是管理过程中经常有的问题。所以，如何管理好业务部门的期望和情绪，以及如何管理好自己的情绪，达成与业务部门的良好合作与互动，对于人力资源工作者非常重要。李琳认为，只有首先管理好自己的情绪，才能管理好他人的情绪。

其次是专业力和判断力。人力资源管理者和业务部门的关系到底是合作伙伴还是后勤服务部门，很大程度上取决于人力资源管理者自身是否有专业力和判断力。这也是给业务部门提供专业人力资源解决方案的基础，并在互动过程中避免沦为业务部门的"打杂助理"而被牵着鼻子走。人力资源管理者关注的对象是组织和人，但这两个因素在行业里具体从事着各种业务，所以具备专业力和判断力，一方面要求有扎实的人力资源专业知识、技能和经验，另一方面还需要深度了解行业、了解业务。而这个度是很难把握的，李琳对此的建议是可以从行业的核心价值链展开，了解业务实现流程、核心岗位情况、核心人才市场情况等对组织和人有着较大影响的内容，再融合人力资源专业的视角给予部门专业的建议，形成良性的合作伙伴关系。

最后是要有较强的沟通协调能力。管理本身很大部分内容就是沟通协调，而人力资源管理的对象是组织和人，软性的和变化的东西又特别多，因此需要沟通协调的工作就会更多。如果没有比较好的沟通协调能力，不但工作起来会非常吃力，工作产出也会非常艰难。如何提升沟通协调能力，则需要先增强想与人主动沟通的意愿，再全面提升自己的沟通技巧和基本的人际敏感度。

李琳总结道，作为企业的CHO（首席人才官）必须精通组织和人的关系、精通企业文化和人力资源管理，要明白用人重于管事。凤凰网未来的发展，人力资源部门将担负越来越大的责任、发挥越来越重要的作用。虽任重道远，但贵在坚持不懈！

A.O.Smith

A.O.史密斯（中国）：一视同仁，机会均等

文/杨洪峰

这是一家拥有142年历史的企业，良好的口碑和过硬的品质，使它在家电行业里声名卓著，这就是A.O.史密斯。1998年，A.O.史密斯（中国）落户南京，1999年，丁威担任该公司总经理，承担起A.O.史密斯在中国发展和传承的使命。

从1999年到2015年的16年间，A.O.史密斯（中国）从亏损到盈利，热水器零售额市场占有率从5%到28%，居行业第一，并且创造了连续13年保持20%以上销售额增长率的奇迹，被誉为外企在中国成功经营的典范。2015年12月，在“中国年度最佳雇主”颁奖盛典上，A.O.史密斯（中国）获得“中国年度最佳雇主全国30强”殊荣，这已是它连续第三年进入百强，同时也是第三次荣获“最受大学生关注雇主TOP10”奖项。成就的背后没有偶然，A.O.史密斯（中国）作为一个美国独资企业，十几年间在中国的土壤中根深叶茂，同他们秉持笃信并悉心践行的价值观理念息息相关。

A.O.史密斯（中国）总经理　丁威

一、价值观融入，培土还须根上来

作为一个有悠久历史的美国企业，A.O.史密斯非常重视企业价值观的建设，在它142年的发展历程中，积累了丰厚的管理经验和企业文化，而价值观是其中最核心的。对于什么是价值观，丁威的认识深刻而直接：“就是志同道合，这个组织里面的人如果是志同道合的，组织的合力才能发挥出来。所以一个成功的企业，它一定得是个志同道合的组织。”

凭着这种理解，丁威将源于A.O.史密斯的价值观体系凝练成了简单明了的四句话：股东满意、员工满意、客户满意、社会满意四个满意。看起来普普通通的大白话，好像很多企业都有这类的口号，但丁威不一样，他是要将这几句话实实在在地落地，从口号变成结果，他说："我们最大的不同在于我们要从口号到行动，我们把它转换成了很多有效性、支持性的项目。"

为了实施这些价值观落地的项目，投入了大量的资金。为了保障价值观落地，A.O.史密斯（中国）公司自2003年启动了价值观推动活动，设置了七种奖励，客户满意奖、管理流程改进奖、生产流程改进奖、环保贡献奖、公益活动参与奖、产品创新奖、工作场所安全奖，旨在更深层次地挖掘将A.O.史密斯价值观真正融入到平时工作和生活中的员工和团队。公司每年的5月和10月还会组织两轮价值观评选活动，被提名者获得南京总部当选奖的，可以享受"亚洲游"奖励，获得美国总部当选奖的，则是"美国游"奖励。每位员工都参与的盛会活动，为了提高全员参与的积极性，他们专门开发了手机微信平台，连驻外员工也可以随时填写、提交名单，而且凡是参与提名的员工都可以得到一份精美的小礼品，并且根据参与的程度可以获得相应的内部积分，这些积分可用于年终礼品或旅游奖励的兑换。

为了让价值观深入一线，A.O.史密斯（中国）在一线车间推广了"每日价值观"，这些奖每日都会评，凡是在工作职责之外做出了这些符合公司价值观的行为，该员工就会得到一张"谢谢你"的卡片，当然不只是精神鼓励，卡片价值20元，而且不限制获得次数，只要做了好的行为，就会及时得到奖励。并且，A.O.史密斯（中国）所有的生产车间都安装了一块大屏幕，这些被提名奖励的员工姓名和他们的行为会在屏幕上滚动播放，这种公示产生了明显的激励效果，时间久了，做符合公司价值观的事，已成了公司上下共同的默契。

丁威说，A.O.史密斯（中国）每年用于价值观落地项目上的预算在500万元左右，但是经常会有人向他质疑是不是因为他们有钱才这么任性？因为在大部分人的理解中，这些激励项目或活动，都是锦上添花的事情，在企业没有足够的利润时做这些是不合适的。

丁威对此的回答是："很多公司可能没有这种信念，他会觉得，等我有钱了我再任性，但是你如果不在这方面投资，你就永远不会真正重视。我们不是说因为现在盈利能力很好，才去做这些事，而是我们坚信只有这样做了企业才能发展。在2004年之前我们是亏损的，但重视员工的培训，重视员工的正激励，奖励员工正确的行为，这些事情我们一样在做。”

实际上，就现在来讲，虽然整个A.O.史密斯（中国）是处在盈利状态，但公司下属按虚拟公司制管理的产品线有几条还是亏损着的。他们并没有因为亏损就节省掉价值观激励方面的开支，因为他们坚信只有这样做才能最终盈利。

二、源于平等，人人拥有无限机会

如果说在A.O.史密斯（中国）感受到的最大不同是什么，那一定是“平等”。在这里你可以看到丁威的办公室一直敞开着门，员工可以随时进来沟通交流，你也可以在公司的食堂里看到领导层和员工同桌用餐，边吃边聊，包括丁威本人。

源于美国公司的平等精神和A.O.史密斯一贯奉行的“一视同仁”原则，在A.O.史密斯（中国）得到充分发扬，公司任何活动都重视全员参与和沟通，每年丁威要主持三场员工沟通大会，规模都在千人以上。在这种平等理念之上，机会均等，不论资排辈、不熬年头就成了企业的共识。丁威说：“机会均等在美国的企业界，甚至社会上是一种深入人心的规则，我们花了很多年的时间，摸索我们怎么在中国的管理过程中将公平公正和机会均等体现出来”。

摸索出的成功经验之一就是每半年一次的内部述职机制。丁威有这样一种考虑，当公司规模不大的时候，管理层可以做到对每一个员工都很熟悉，每个人的长项、弱项，基本都能心中有数。但是当公司规模变大，人数增多，组织机构变得复杂以后，再要做到这样就不太可能了。这个时候在晋升环节就容易出现裙带关系、熟人圈子等弊病，造成的结果是很有可能一些新员工被排斥在外，真正的人才上不了位。“我们这么做就是让公司不管是新人还是老人，你认识人还是不认识人，每年都给你一个曝光的机会”，丁威说。

所以这个述职机制是非常严肃的，非常郑重。公司会跨部门抽调高管会同人力资源部，组成至少三人以上的述职小组，然后给每个员工半小时的述职时间，面对面进行业绩陈述。考虑到有些员工不擅长表达，也为防止因个人临场发挥好坏而影响结果公平，陈述规则

作为管理者必须要把发掘和培养下属作为非常重要的一块业务。

丁威说，这个工作很耗精力，高管团队每年在述职上花了大量的精力，但是值得，"公司在人才建设上就是要有效地给大家营造一个公平公正的、发挥个人价值的舞台，每个人都受到公平的待遇，每个人在这儿机会都是均等的"。

特别规定不谈你想要怎么做，只谈你过去半年做成了什么，不谈理论，只说业绩。然后从这些方面来判断一个员工的学习能力、敬业度和专业性。如果述职证明了该员工的各项能力和潜力，马上随之而来的就是调薪调岗。这样，不会有一个埋头苦干、默默无闻的员工会因此丧失机会，每个人的努力都会得到客观评价和积极回报。

为使更多有能力的新人脱颖而出，A.O.史密斯（中国）设计了一种"高潜能人才开发"模式，公司每年会通过内部述职遴选一些优秀人才列入高潜能人才开发计划。被列入高潜能人才的员工，公司会向他开放所有的资源，对其进行高端培训，加薪和升职时也都优先考虑。

A.O.史密斯（中国）把培养这样的高潜能人才当做一项核心任务来执行，下了硬性指标。比如，管理人员只要是带了团队，不管是3个人也好，30个人也好，每年都会以年终奖的四分之一来考核所带团队的高潜能人才占比数。如果占比没达到公司的要求，就会扣掉管理者25%的奖金。所以，

实际上，这种近乎严苛的述职制度，连同岗位竞聘、民主推选、自荐等多种保障人才公平公正竞争的人才挑选方式，让A.O.史密斯（中国）至少得到了两方面的好处。一是能够发现真正的人才，对于表现优秀的员工，及时按其特长和发展目标进行培养，保障了公司人才梯队的建设。二是促使所有员工认真面对自己的工作，不能随意懈怠。但更重要的是，它使全公司形成一种公平公正的氛围，并全体认同一种理念，那就是只要努力，人人都有无限机会！正是这种氛围和理念，使公司保持着积极向上的风气和活泼泼的生机，而这正是一家优秀企业必备的精神底色。

三、员工关爱，一点一滴总关情

如果你没有体验过A.O.史密斯（中国）对员工的各种关爱项目，你就不能理解他们把"对员工负责，让员工满意"的价值观落实到了什么地步。在这个老牌的制造业企业里，"人"永远是第一位的，A.O.史密斯（中国）把员工看成企业的宝

贵资源，时时处处给予温暖和关爱，他们把这种关爱做到工作之中，也做到工作之外。

A.O.史密斯（中国）的食堂应该是国内企业食堂中第一流的了，为了员工能够吃得美味，吃得安全，他们不光自建了食堂，而且还自营食材，在菜系搭配上也费了心思。为了照顾南北不同口味推出了A、B、C三种套餐，A套餐是清淡口味，适应南方员工，B套餐是“重”口味，适合爱吃荤菜、口味重的，C套餐则是北方员工爱吃的面条、饺子等，而且，食堂会根据员工的意见经常创新套餐，保证大家吃不腻。并且，所有餐饮都是免费的！

为了保障员工的身体健康，A.O.史密斯（中国）专门开设了自己的社区医院和内部诊所，员工不用出社区就能得到基本的医疗服务，而且还可以刷医保卡。诊所医务人员的工作时间也是跟着生产走，两班倒，以便随时为员工提供服务。另外，为了预防职业病，公司每年都会出资组织一次全员体检。

其余的，如为了让员工下班后能尽快回家和家人团聚提供的“一小时到家”班车服务；为开私家车上下班员工提供的洗车服务；为员工子女提供奖学金等，处处体现着A.O.史密斯（中国）对员工的真挚的关爱，可以说完全是想员工所想，急员工所急。

值得一提的还有他们的“员工家属日”活动，从1998年到现在，每年A.O.史密斯（中国）都会选一个日子邀请员工的家属来公司参观，参观的内容包括工厂的生产车间、产品展厅等，让员工家属感受亲人安全、干净的工作环境，另外还有员工子女的才艺秀和公司领导与员工家属之间的互动、联欢活动。通过这样的活动，使员工和家属都能感受到公司的用心，加深了公司和员工之间的情感联系，也使员工的大后方更加稳定。

无论是在价值观落地方面的坚定笃实、勇于作为，还是对员工平等相待、一视同仁，提供均等的职业机会，又或者是对员工无微不至的殷殷关爱，无不显示出A.O.史密斯（中国）作为有深厚积淀和高远追求的一流企业应有的素质和风采，它创造了自己的奇迹，也树立了行业的标杆。经过在中国近20年的深厚蕴结，它已经筋骨结实，它必将走得更远。

Poten Enviro

博天环境：四招制胜，聚揽天下英才

文/杨珊珊

什么样的企业可以获得更多求职者青睐？我想这是当前人才竞争加剧的形势下，每一个企业和人力资源工作者时刻在思考的问题。在人才培养方面颇有成就，刚刚荣膺年度最具发展潜力雇主及北京地区最佳雇主30强的博天环境也许会给出一个不一样的答案。

博天环境1995年成立，是中国最早投身于环保行业的企业之一，企业发展之初厚积薄发，自2011年开始进入高速发展期，过去5年，在水业关联的多元化布局下，公司规模的复合增长率超过了50%，在组织上完成了集团、区域、分子公司三级架构设计。引发行业内外对“博天现象”的广泛关注及热议。目前，博天旗下共有5个区域中心、58个分子机构，员工1600余人。5年内团队由240人迅速增长至1600余人，人力资源管理面临的压力与挑战可想而知，如何在满足业务快速发展的需求下，快速吸引并保留优秀人才，同时做到员工保留率高于行业平均水平。让我们一起走进博天，一探究竟！

博天环境荣获2015年最具发展潜力雇主奖

第一招："火眼金睛"选人术

选人就像找对象，一定要选得准。博天有一套选人理念：选拔匹配企业文化与价值观的候选人，博天将"持中守正、锐意进去"的企业精神，以及"精进、创新、包容、感恩"的共享价值观，融入人才甄选标准，通过多维度的测评及面谈，确保选拔效果。

博天文化语录里有这样一幅漫画：画中一座天平的两端，一端是人才，一端是金钱，而天平明显倾斜向人才端。这讲的就是博天秉承的招聘理念：遇到优秀的人就雇请进来，没必要计较于固定预算，因为优秀的人会带来超出预期的价值。

博天近些年快速聚揽了众多行业优秀人才，基于战略需求，每年都有计划地引进高端跨界专业人才。正如董事长赵笠钧先生所说："优秀的团队是我们最重要的资产，以人为本是我们成功的关键。一直以来，我们诚挚地希望更多的贤能之士加盟博天，我们会提供给每位员工发展自身事业的机会以实现他们的雄心壮志，帮助他们取得成功，同时在工作中获得乐趣。"

第二招："私人订制"培养术

博天设有企业大学——博学院，负责员工培养，如针对应届大学生的"晨曦计划"、针对高潜质人员的"未来领导人计划"、针对管理岗位的"后备培养计划"及"管理者续航计划"等。

针对高潜人才培养上遵循"70-20-10"的培养理念，即成长中10%的知识是来自阅读与培训，20%来自交流与分享，剩下的70%来自实践中学习，根据这个法则，博天为高潜人才提供了充足的轮岗机会，让员工在实践中学习、进步，同时也会委派中高层管理者作为导师、教练，帮助员工成长。针对专业岗位员工，则会通过组织专题训练营，如营销、项目、技术、职能训练营等，从而促进各序列专业知识的萃取和提炼。

第三招："不拘一格"用人术

除了对人才的培训和培养，博天在人才任用上也有特点、有魄力。

一是建立了健全的人才选用机制，如内外部招聘、内部推荐、内部竞聘、轮岗等；双通道多序列的发展空间，让每一位有能力的员工，都能找准适合自己的平台。

二是有"容错"机制，大胆起用有潜质的年轻人，一旦发现好苗子，就给予最大的平台与授权，充分释放员工潜能。比如，2012年，公司开展首届"营销训练营"后，当即大胆起用了营销训练营的第一名，任命其担任分公司第一负责人，给予充分的授权，该员工果然不负众望，当年内一举实现业绩零突破。在博天的高级管理人员中，不乏80后的佼佼者，如2006年一位应届硕士毕业生加入博天，现已成为集团高级副总裁。

第四招："多措并举"留人术

古人云，衣食足而知荣辱。博天致力于将公司打造为员工财富增长的平台，不仅为员工提供了相对有竞争力的薪酬福利保障，并持续保持薪酬福利的外部竞争性，目前已有80余名内部员工股东，随着博天上

市日程的临近，员工持股计划也将更加丰富。

博天在快速发展过程中已探索出适应文化土壤的内部竞争机制，并根据不同的业务及专业岗位类别，设计了导向明晰的激励政策，奖优罚劣，建立了内部公平竞争机制。

博天的荣誉激励体系也是一大特色，通过设立杰出员工、金牌员工、十佳博天人、组织标杆奖等荣誉奖项，营造了积极向上的团队氛围。已持续实施4年的金牌员工携伴侣超级豪华海外游，就是一个典型代表，博天每年都会选择一个海外顶级旅游地，组织金牌员工及家属尽享金牌之旅，如巴厘岛、普吉岛、马尔代夫、土耳其等地。

博天"走心"地打造了有温度的福利与文化体系，员工俱乐部、特色生日趴、缤纷海外游、子女医疗、健康体检、沙漠挑战赛、员工关怀微信沟通平台等，都让员工在工作之余，增强了归属感。

在博天，"人力资源工作是一把手工程"的管理理念是获得广泛共识的，各级管理者是人力资源管理的第一负责人，而人力资源工作者则必须要懂业务。因此，HR团队中除了专业科班背景外，也囊括了技术、投融资、项目管理等更接地气的专业背景人才，这样的团队混搭，较有效地促进了人力资源工作能打破传统的思维模式，真正成为业务合作伙伴，最大化地提升组织效率及效能，有力地支撑了博天的高速发展。

HuiShan Dairy

辉山乳业：追赶时代的“犟人”

文 / 孙萍

辉山乳业集团的新总部大厦位于沈阳北部CBD（中央商务区），19层玻璃外墙和大幅LED巨幕的颜值组合使其成为沈阳新地标。

这样一座现代化的写字楼，为解决员工午餐而引入的第一家餐饮品牌是“犟王爷”，合作理由是“对味儿”！不熟悉辉山的人会觉得这个“味儿”是口味对了，但熟悉辉山的人才懂得这个“对味儿”的 难得，这里蕴含的是两个品牌价值观的契合——犟。

辉山的品牌历史可追溯到1951年，一甲子的时间由“牛棚”蜕变为“世界级乳品工场”。六十余载风雨洗礼过后，改变的是厂区和写字间，不变的是辉山对品质安全的苛刻要求。作为国内率先致力于建设以牧草种植、精饲料加工、良种奶牛繁育、全品类乳制品加工、研发、质量管控和销售等为一体的全产业链发展模式的大型乳企，从源头解决了乳制品安全的核心问题，更是斩断了辉山内部对于乳品安全丝毫的惰怠和推诿之心。

辉山企业的“犟”在经营上体现为始终专注一件事：做有品质的牛奶。那么又是怎么找到辉山这些“犟”员工的？

辉山人力资源管理：精髓是不忘初心

辉山集团人力资源总经理王特说：“每个员工进入辉山前都会被告知一件事，辉山的企业愿景很简单，就是让每个人喝一杯放心奶。但为了这个目标，我们需要从源头做起，乳制品全产业链建设的过程将很艰难漫长。”在人才有意加入辉山之初，直言面临的困难是对双方都负责的做法。辉山是一家特别务实的企业，没有太多的精力和时间去画一个“大饼”给候选人，它需要的是有判断力、有魄力坚持本心的事业伙伴。加入辉

辉山乳业人力资源总监　王特（中）

山追求的除了经济价值，更意味着一份社会责任的分担。而对于这种基于共同价值观的雇佣结盟，管理只是为了让一切更有效率。

21世纪很多企业都将人才视为第一生产力，不断强调“以人为本”。区别于其他企业，辉山的另一大特色就是拥有一个特别的雇员群体——奶牛。对于辉山来说，牛和人共同组成了第一生产力，全产业链都是围绕着奶牛而形成的，在所有的辉山牧场入口，都有一句醒目的标语“爱牛如子”。好牛才会产好奶，而尊重生命是良心企业的道德底线、尊重规律才是企业可持续发展的前提。在这种企业环境里，对于人性的关怀是完全不需要用生硬的制度来规定的。

辉山最忙的人是谁？这个问题可能不好回答，但在集团人力资源部，总经理王特就是那个最忙的人，他说：“我们公司的员工执行力特别强，新政策和新制度的推行过程基本都非常顺利，大家对职能部门工作的认可度和配合度都很高。”听起来是员工自觉性和执行力的问题，但在一家拥有13000名员工规模的企业里，不可能凡事推进起来一帆风顺，只不过当所有的高层领导都以身作则执行着，越是身居要职越严格要求自己的一言一行时，无须多言，每个人都会遵从自己的岗位职责。

就是这样遵从本心、尊敬生命、尊重使命，企业的价值观和管理都在一言一行中，每个HR在遇见候选人之初都不厌其烦地重复着：“辉山的企业愿景很简单，就是让每个人喝一杯放心奶。但为了这个目标，我们需要从源头做起，乳制品全产业链建设的过程将很艰难漫长……”加入或离开，所谓人力资源管理从这一刻就开始了。

辉山福利：不是为了证明什么，只是觉得员工需要

辉山对外一向低调，其员工工作和生活的状态有什么不同的地方？关于这个问题，王特说：“辉山只在工作相关的标准和流程上要求比较严格，平时可以各种嗨。”在辉山，年假时间比较充裕，除了法定的年假标准外还会根据员工工龄额外增加天数，现在应该很多人一年能有18天的年假。除此外，女生是额外拥有“姨妈假”的，目前可以做到这一步的企业并不算多，更难得的是辉山还始终坚持低调的人性化。王特对于员工福利的态度是：“福利是既虚又实的事情，高薪固然可以快速吸引来很多人才，但一路同行的人会不会同心，这才是企业人力资源管理要关注的。所以加薪、晋升、年终奖这些都要有，但物质不能是辉山关怀自己人的单一方式，那就太low了。”辉山人有自己的微信专属社区，当下最火爆的信息莫非各种舞蹈社团的活动预告：爵士舞、肚皮舞、Popping（街舞）、瑜伽等各种课程排得满满。由于新的辉山大厦员工活动室尚未投入使用，目前员工的冬季舞蹈课都预约在专业会所。提到社团，王特很兴奋：“我是足球社团的积极分子，年底太忙好久没比赛了，等发完年终奖得去跟90后PK一下。”

辉山员工身体素质普遍不错，不知道跟他们“一人一天一盒奶”的福利有没有关系？要知道辉山大厦各楼层的休息区，冰箱可是被牛奶、酸奶

塞得满满的，这福利也是没得说了。

辉山梦想：不是为了达到目标所做的努力，而是有了要变得更好的动力

如果你觉得辉山这群执着于做牛奶的“犟”人安于现状，那就大错特错了。王特对于辉山精神和梦想的诠释是：“我们在以匠人的心专注品质，但前提是全面的获取信息、了解环境，不管什么情况先倔犟地活下去，匠心才有意义。曾经有外国同行迷惑的问我：牛奶不就是牛奶么？为什么在中国市场会变得那么复杂？答案可能就是辉山的梦想。我们希望国人能喝到一杯安全的牛奶，可以不是辉山奶，但目前辉山的目标就专注于能提供给国人放心牛奶。”为了梦想，辉山所付出的努力和艰辛难以估量，但王特的一句玩笑让我们心有感触，他说：“就在这50多人的人力资源部，不知道有多少个一级人力资源管理师和心理咨询师，我必须每天都很努力才行，不然只能成为他们的研究对象了。下属太上进，压力也很大啊！”

辉山舍弃广告带来的快速回报，逆势投入乳制品全产业链建造并一步步走到今天，过程艰辛已无需多提。但作为食品安全的卫士，“犟”和“匠”都是需要的，这是一家乳品企业必需的职业操守，更是和谐社会的道德底限。为了国人都能喝到安全牛奶，辉山和一群辉山人，会一直“犟”下去。

Greka China
格瑞克：与员工共同成长

文/张大志

今年是格瑞克进入中国的第18年。1997年，煤层气开发只是一个概念，格瑞克这个致力于清洗能源开发的企业，还未被所有人接受，业务开展可谓困难重重。今天，环境问题已经提上政府的日程，清洗能源利用得到迅速发展。虽然经历过数次行业波动，格瑞克始终不改初衷，集中精力于清洁能源的开发与利用。

一、始终不忘记社会责任

格瑞克的业务聚焦于煤层气能源的开发与综合利用，与此同时，格瑞克可以为开展业务的地区提供有效就业机会，带动当地经济的快速发展。在业务开展的过程中，解决相关地区就业问题，带动当地经济的不断发展。“十几年前我们刚开始业展时，当地还很少见到汽车。随着公司业务的不断壮大，现在很多农民已住进楼房，开上了属于自己的汽车。我们希望真正帮助当地实现持续发展。”格瑞克集团首席行政官马龙（Mahmood Lone）先生说。

抱着“授人以渔”的精神格瑞克建立助学机构，帮助留守（问题）儿童健康成长。多年来公司始终秉承“企地共建，合作共赢”的发展准则，在有效推动当地经济发展的同时，积极投身到公益慈善事业，投资为当地钻设水井，彻底解决了当地用水问题告别没有水源的历史。投资为当地修建花园广场，拥有标准篮球场、儿童乐园、体育健身区、戏水乐园，使小山村有了自己的现代活动广场。马龙先生表示公司董事长格瑞沃（Randeep S.Grewal）先生计划未来在中国建立持续帮扶体系，此工作已提上集团人力资源部的工作日程。

能源行业自身的特点决定着需要长时间大规模的资金和人力投入，回报需要等待10年甚至更长的时间。只有看好中国经济，愿意与中国一同发展的企业才会在此方向上持续追加投资。在传统的财务指标之外，格瑞克保持对法律的遵守、对社会的贡献和对环境等问题的关注。公司的不断发展也充分表明关注社会责任的企业有机会实现更大意义上的社会价值。

最近20年，企业的竞争环境和竞争规则发生了深刻的变化，已经由单纯的市场竞争转变为内涵更为丰富的社会责任竞争阶段。企业竞争力的培育将不再局限于物质资源、企业规模、产品质量性能等硬实力，而是更多地依赖于企业宗旨、价值观、创新机制、市场信用、社会责任意识和由此凝聚而成的社会声誉和品牌价值等企业的软实力。企业有目的、有计划地主动承担对员工、对社区的社会责任，并且将其纳入自身的经营发展战略之中，不仅可以更好地服务于社会，还可以借此打造软实力，提升竞争优势。

二、人才队伍建设的创新

“预制兵者，必先选将”，其中的选将就是核心人才队伍的建设。

第一阶段	第二阶段	第三阶段
· 石化行业招募人才 · 初步体系招聘建设	· 全球化人才招聘 · 建立内部猎头团队	· 启动继任者计划 · 全球人才库建立

能源领域的竞争从某种程度上就是人才的竞争，格瑞克在中国起步时本土煤层气领域人才十分稀缺。集团人力资源总监王碧宏女士（Sarah）表示：“想快速发展就要解决人才不足的问题。”为此，对人力资源招聘模块提出了极高要求，除了良好的语言能力，还要拥有对人员的判断力、搜索渠道的开拓建立能力以及背景调查方面的专业知识。

招聘组的同事由早期的“相关领域招募”策略很快转变为“全球专业领域招募”。大家变身“全球猎头”，聚焦于美国、澳大利亚、加拿大等世界主要煤层气人才聚集地。此阶段实施“猎头策略”基本满足了公司的人才需求。随着全球竞争的不断加剧，建立人才梯队成为招聘工作的又一重点。

格瑞克 COO Mel先生

HR依据公司战略实施了“管理者继任计划”，包括内部人才培养和全球人才库建立两个主要部分。

内部人才培养着眼于现有人才的快速

提升，无论是通过校园招聘，还是社会招聘进入公司的员工都会得到相应的培训机会，依据个人意愿与特长提供晋升。马龙先生是中国格瑞克公司的第二名员工，他亲自见证了公司壮大的过程。他表示："公司为每个人提供平等的机会。很多员工毕业就进入公司，经历不断的磨炼与学习，慢慢成长为公司的中层甚至高层管理者。"对任何企业而言，内部选拔的员工大多具备较高忠诚度，也愿意与公司共同发展，而内部选拔的前提则是完善的晋升体系和开放的企业文化。认为"外来和尚好念经"的公司多半很难接受从员工成长为高管的模式。

人才库的建立则是以全球化视野、系统性地搭建外部人才体系。关注全球本领域优秀人才的动态，阶段性更新人才动态，保持对他们的持续关注。在公司需要进行核心人员招聘时，全球人才库能发挥巨大价值。

"继任者计划与全球人才库的建立让HR部门可以第一时间响应公司对核心人才的招募需求。"Sarah表示。

三、包容开放的企业文化

Sarah总结公司企业文化时提到的关键词包括"多样性、充分尊重、开放以及持续发展"，这也是公司企业文化的核心部分。

格瑞克的员工来自世界各地不同国家，具有不同的文化背景、能力结构以及对社会的不同认知，企业文化整合是人力资源建设所要关注的另一个重点领域。

"不管员工来自哪个国家，有什么样的文化背景，我们格瑞克在选人的时候用的标准首先是一致的——能认同公司且具备开放包容的心态。"Sarah特别提道："入职之后我们还会提供完善的培训，逐渐形成文化认同，从而让员工有效融入团队。"

公司的企业文化具备很强的内生性，考虑到格瑞克拥有三家上市公司，经营领域跨行业的特点，如果不能拥有"平等、开放"的企业文化，很可能形成内部消耗从而降低运营效率。从公司快速发展的结果上看，格瑞克可以把不同地域、国籍、不同背景的人才长时间聚集到一起，本身就说明了很多问题。举个例子，针对有真实学的离职员工，格瑞克在进行离职面谈时都会强调"公司大门始终向你们敞开"，每年也确实会有一定比例的离职员工"回归"。再次加盟的员工往往能具备较高的绩效表现和忠诚度。

公司的平等与开放得到了某种程度的回报。

开放一旦成为企业的基础基因就能快速吸引具备相关认识的员工加盟，也能对刚入职的员工形成正向的激励，毕竟大部分人都愿意在平和包容的公司里工作，保持自己的好心情。

四、新雇主经济的践行者

格瑞克是“2015年度中国最具发展潜力雇主奖”得主，此奖项经过严格筛选和数轮评审，是国内人力资源领域具备较高含金量的奖项。

马龙先生提到得奖的感受时表示:“有优秀员工才会有优秀企业，前者是后者的基础。”这与此次奖项中重点关注的”新雇主经济”很契合，核心都在于企业与员工的共存与共赢。员工不再是企业的附庸，而是企业的合作伙伴，两者基于对未来的相同认知一起走下去，同时获得发展与提升。

新生代员工进入职场，90后成为主力的当今社会，问卷调研显示员工对“尊重”的要求已经超越了“完善的福利待遇”和“有竞争力的薪酬”成为最重要的最佳雇主品牌特征。简言之就是“对尊重的考虑要比钱多、有保障来得重要”，这也客观反映了员工自主、自觉意识的进一步觉醒。

“新雇主经济”的兴起从另一个角度印证了双因素理论。“工资、福利”是保健因素，如果没有会造成极大不满，再多也无法大幅度提升员工的满意度，而“尊重”是激励因素，企业对员工的尊重能激发员工更大的积极性，从而为企业创造价值。企业与员工之间不再是简单的雇佣与被雇佣的关系，而是一种基于相互尊重的合作与联盟。

调研反映出另一个明显趋势是对“生活与工作之间平衡”的追求，2015年的调研显示有21％的被访者在未来3年中职业规划目标是“获得生活与工作的平衡”，此比例最近几年出现不断升高的迹象。当养家糊口不再是工作的第一需求时，雇主能否使员工通过工作满足生活品位的提升，已经成为衡量雇主的重要标志。

从这个角度上看，格瑞克通过组织活动以及为员工提供了多样的培训，某种程度上让员工达成工作和生活的平衡。以培训为例子，它覆盖职业技能与生活质量提升，后者包括语言培训、中国文化培训等。

竞争格局和环境虽然不断变化，但是优秀企业的标准从未发生根本性的改变。良好的盈利能力、完善的运营机制、与员工之间的相互尊重、充分的换位思考、实现社会企业与员工的三方共赢始终是衡量优秀企业的标准。

世界经济格局不断变化的今天，也许唯一不变化的就是变化本身。如何不断提升企业的能力以适应新的经济环境、适应新生代职场人的特征，也许不同企业有不同的答案。但是有两个趋势是基本相同的——更加关注企业社会责任，与员工成为合作伙伴共同发展。

Lionbridge capital
狮桥资本：
让人力资源优势成为企业核心竞争力

文/刘春健

狮桥融资租赁（中国）是2012年成立的外企融资租赁公司，作为新兴行业的初创企业，其人力资源管理无前人经验可借鉴、也无行业标杆可对标。HR团队主动深入了解公司战略，与公司的业务紧密结合，从HR工作流程体系的搭建、HR团队的培养开始做起，到如今以注重人才发展、企业文化建设、雇主品牌塑造为工作重点，助力企业高速发展，获得了员工的高度认可和敬业度回报，也获得了行业和社会的肯定。

一、肩负企业人才发展重任是HR前进的动力

“让人力资源优势成为企业的核心竞争力”，是狮桥资本董事长万钧先生创司之初既已确立的战略，对HR管理提出了明确的期望。但如何为企业提供优质充足的人员？如何培养与发展员工？如何使人力状况为组织意图实现提供可能？

狮桥资本人力资源
总经理　薛华

在狮桥资本人力资源总经理薛华看来，HR应是企业的战略合作伙伴、管理专家、员工激励者及变革推动者。同时，HR也是公司战略和文化的宣传者和倡导者；是雇佣关系的协调者和保证者；也是高效、充满服务意识的员工服务者。目前，人才日益成为企业竞争重要要素的环境下，HR比以往更肩负着企业人才发展的重任。要完成这个使命，HR一定要为组织价值增值有所增益，需要HR既要有看清目标方向的眼光，也要有采取切实有效方法的执行能力，并懂得在“对的时间做对的事情”。

在公司发展的3年里，配合组织目标的不断调整对焦、业务模式的快速“迭代”,HR不断按组织特色“定制”、完善日常工作流程，“每一步都走得很扎实”；根据企业人员和组织特点，尝试倡导和传播企业文化的多种方式，利用现代网络科技，建立微信HR平台，文化工作效果提升迅速，使分散在全国各地的员工增强了与公司的黏性和归属感，并进一步拉近了员工之间的情感；在人才培养发展方面，将满足部门短期需要和公司人才梯队的长期储备同时作为HR的工作重点。

在谈到过去3年的HR工作中最大的收获时，薛华感触良多地总结道：“来自管理层和员工的信任和认可，引发一个良性循环互动的过程，因为责任而有价值、因为价值而有信任、因为信任而有支持、因为支持而一定有成功！”

二、“宽进严用”的用人理念

人才是企业发展的基础，在新经济万众创新、全民创业的形式下，公司业务扩张，组织方向调整，员工从哪里来？已经成为很多HR们面临的难题。校招、社招、猎头和内部推荐等不同人才来源，不同的渠道选择组合带来不同的结果。

对于狮桥资本来说，除了在业界所取得的数个创新业务模式的第一、重卡等租赁业务的举足轻重的市场份额外，最让人印象深刻的是短时间内搭建的全国性、渠道下沉的组织机构网络，从2012年年末的不足50名员工，至2015年11月员工人数突破1000人，分布全国22个省，100多分支机构，覆盖600多个市县范围。

在团队构建过程中，狮桥资本采用“宽进严用”的用人理念，特别在初创阶段，除HR全力以赴外，全员皆为招聘者，利用多渠道的组合，快速形成人员规模，为业务发展提供了可能，解决了企业用人数量的需要。对于内部推荐的方式选拔人才，狮桥资本设置了员工“伯乐奖”，结果显示内部推荐的员工稳定性很好，更倾向长期服务于企业。

回顾各渠道的招聘效果，狮桥资本的人才选拔大多来自网络的社会招聘，校园招聘则占比较小，对于企业中层管理员工和专业人员的招聘，采用猎头服务则获得了不错的效果。薛华说：“从猎头招聘来的中层管理员工和专业人员的整体素质较高，价值观也较贴合企业的文化价值观。”通过猎头招聘，弥补了新企业缺乏知名度、对潜在求职者缺乏吸引力的不足，解决了企业用人质量的需要。针对公司近年新涉足的业务领域，如物流、血液净化、互联网金融等，狮桥资本还推出了“全民猎头”计划，再次利用公司员工内部人脉，选择符合职位“硬性和软性”需求的员工加入到企业中。

据薛华介绍：“为了整合多达数十个招聘渠道，提高招聘工作效率，狮桥资本已采用专业招聘云工具，结合测评工具以满足公司不断提高的人员选拔需求。在未来，我们会同时关注内外部劳动力市场，为高绩效、高潜力员工提供更多发展的机会。”

狮桥资本正式运营后，既按不同职能特点，对前后台全员进行定期考核和工作评价。在持续的工作评价中，员工态度和能力的优劣逐渐清晰，为接下来的“用”“育”“留”提供了充分的依据。

目前，公司的管理者，大多30岁左右，年轻的管理者带领他们的团队，管理着庞大的资产。这些和公司一起快速成长、经过历练的年轻员工，在狮桥资本获得了更多的挑战和机遇。2015年，狮桥资本开展了“狮吼计划”旨在为新晋和未来管理者提前做好管理理念和技能的准备。

三、富有激情的企业文化

在狮桥资本，来访者能够感受到企业所具有的积极和明朗的氛围，这与狮桥资本万钧董事长的人格魅力，和他倡导的激情、专业、坚持的企业精神密不可分。

薛华认为狮桥资本管理团队蕴含凝聚力、默契度、正能量，高度认同企业的价值观和愿景、使命和战略目标，他们所倡导的企业精神影响了很多员工。正是在这样的企业精神指引下，狮桥资本克服了发展路上的障碍，以优质的资产质量，获得资本市场的关注和支持。

薛华认为，狮桥资本的企业文化能够激发正直勤奋、有理想、有能力的人，特别是年轻人的潜力。“加入狮桥，做更好的自己！”

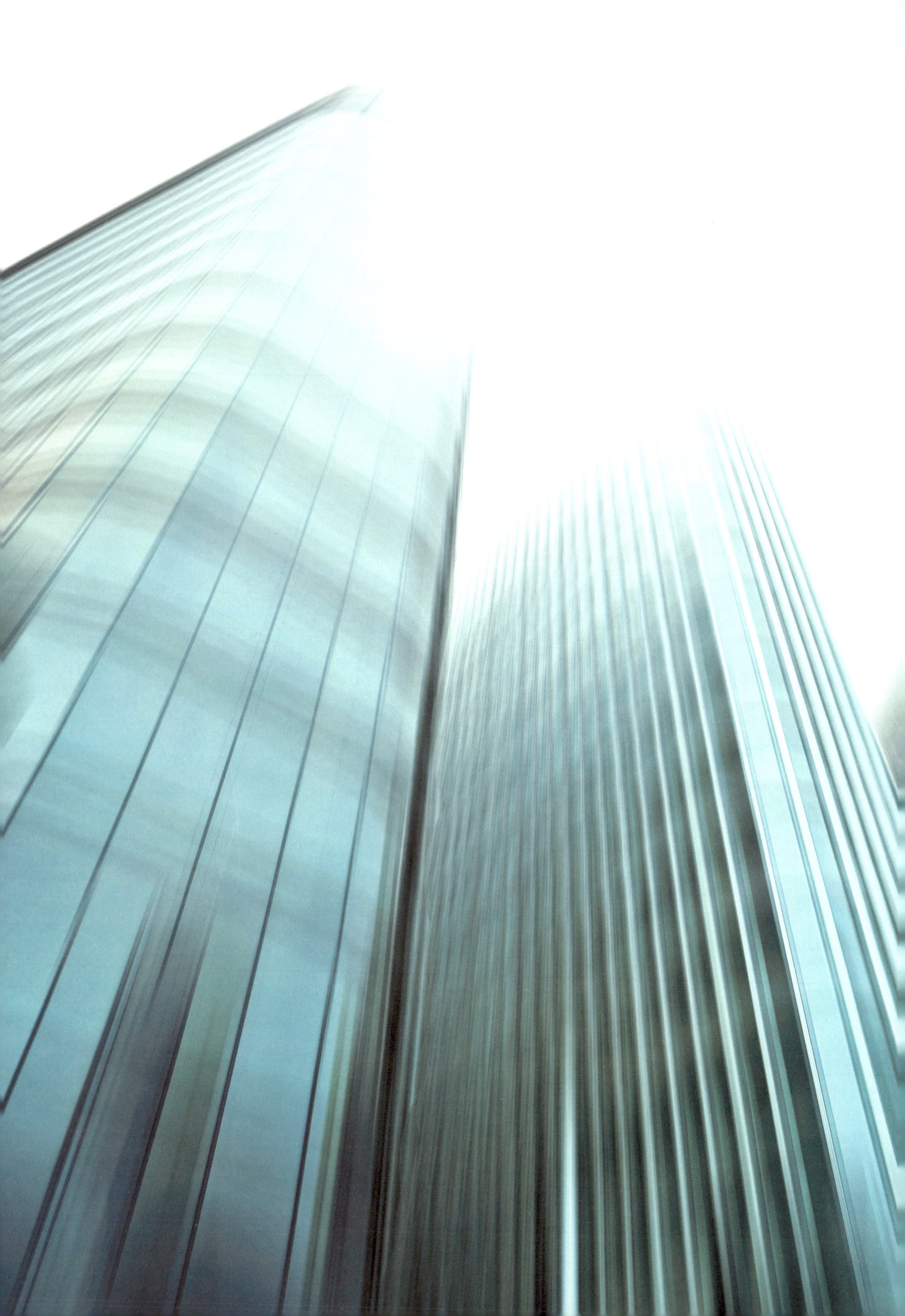

3 组织 Organization

在“互联网+”时代，组织重构、组织变革似乎是企业绕不开的话题，但如何能遵循商业本身的逻辑进行合理化组织，而不是盲目地“去中心化”或“扁平化”，关系到企业变革的成败。人力资源专家郭伟先生和杨少杰先生对此从不同侧面和角度做了深刻剖析。

"有轨迹就有逻辑"：互联网时代的组织与人力资源趋势

文/郭伟

郭伟，华夏基石咨询集团业务副总裁，北京大学工商管理硕士（MBA）。

历史永远有其内在的轨迹。互联网时代并不可能改变一切，未来也并不是完全不可预知。所谓互联网时代，就是以互联网为手段，重构满足人类生活方式方法的时代。随着互联网在人类生活中的应用领域不断扩大，互联网企业已从单纯的信息服务、交易服务、社交服务，迅速涉足到了旅游、家居、能源、金融等几乎所有传统行业。与此同时，传统企业互联网化的趋势也在2015年迅速发酵，不互联网化，就被互联网化。所谓的互联网公司与非互联网公司的区分，在迅速融合的今天已经越来越没有意义。

企业的组织形式与人力资源管理经历了什么样的发展逻辑？在互联网时代，组织形式与人力资源管理又受到怎样的冲击？又应当如何应对和调整？

一、传统组织的发展逻辑

企业是什么？德鲁克精辟地提出，企业的价值和使命就是"满足客户需求"。随着技术的不断创新，企业满足客户需求的方式也在不断创新，组织形态也随之不断演变。

（一）满足客户需求是组织变革的根本目标

无论是蒸汽时代的家庭作坊，还是大工业时代的数万人工厂，抑或互联网时代小而精的创新型团队，其存在的价值与目的都是为满足客户需求。然而，太多的企业在组织设计与变革过程中忘却了这一基本原理，只从自身业务组合角度考虑问题，这样的思考方式本身就是错误的。

曾有个客户询问我，销售线上事业部设置的原则是依据行业还是区域。如果按行业设置，银行是单算一事业部，还是应统一设置金融事业部？当我问他现在及未来各领域的业绩贡献时，他认为现在建行贡献最大，业绩几乎占银行业的60%，而银行业又占所有金融行业的70%左右，未来业务格局不会有大的变化。当我接着询问做出贡献的客户是否应该享有更好的服务时，他的回答是肯定的。所以，设置建行事业部、银行事业部和金融事业部，每个事业部大概10人，建行、别的银行和其他金融企业就都享有与业绩贡献相对等的服务了。他思考了半天，终于承认企业建制始终遵循的是满足客户需求原则，而不是一般的社会分类原则，这才是组织设计的基本逻辑。

（二）专业化分工是组织变革的总体趋势

从原始时代到农业时代，

人类社会中生活生产的最小单元是家庭，人们需要吃饭就去采摘或种植，需要穿衣就去缝制兽皮或纺织，当时的人们过着自给自足的生活。在工业时代产生了社会分工，每个人只做自己最擅长的事，这样做效率最高。人们可以拿自己的产品与他人的进行交换，以满足自己其他方面的需求，由此整体社会生产效率达到最高。

从那时起到现在，从一家企业生产一件产品，到一家企业只生产一件产品的某个部件，不断精细化的专业分工一直是企业发展的总体趋势。大体看来，经历了以下几个阶段。

1．基于活动的单一企业分工

从家庭作坊到工厂，最大的变化是由一个人完成整体生产过程的方式，过渡到了一群人各自分工完成整体生产过程。

对于单个企业内的专业化分工，比较经典的当然是波特模型了。这个模型将企业活动划分为研、产、销等创造性活动，采购、物流等辅助性活动，以及财务、人力、计划等支持性活动。

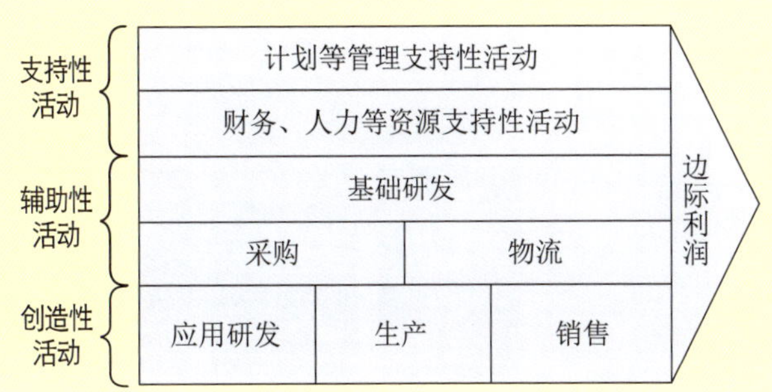

2．基于协同的集团企业分工

集团化企业的生产逻辑很清晰。以某家公司为例，这个公司最初只经营一种产品，只为国外某一行业服务，其组织形态完全符合波特模型。随着业务的扩大，产品品种增多了，生产基地也在增加。与此同时，公司又开拓了国内等诸多市场，服务对象也拓展到更多行业。因此，公司内部就产生了生产、销售、研发等创造性活动本身的协同问题，并产生采购、物流等辅助性活动的协同问题，以及财务、人力、计划等支持性活动的协同问题。同时，还产生了效率与风险、质量与速度、计划与应变等新的协同问题。

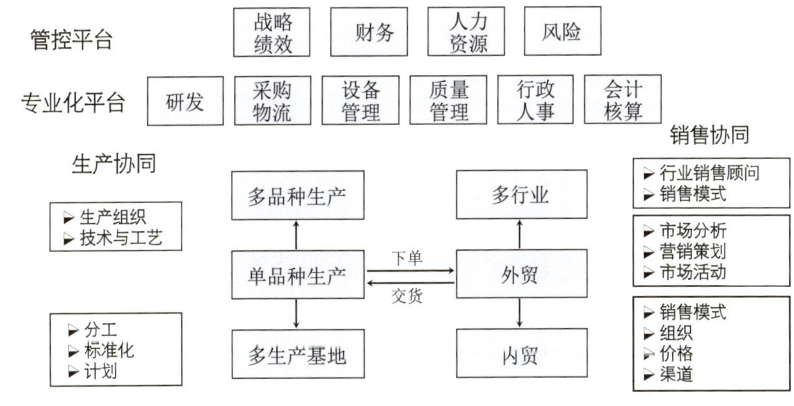

3．基于价值的多维企业分工

20世纪以来，专业化分工更为精细化，企业组织形态越来越呈现出网络化结构。

在销售线上，按区域、行业、客户等维度，细分出不同组织；在生产线上，按产品、方式、区域等维度，也细分出不同组织；在研发线上，按品种、方式、区域等维度，也细分出不同组织……即使是人力、财务等纯粹职能系统，也根据价值创造的不同，而细分出战略决策、事务服务等不同组织。

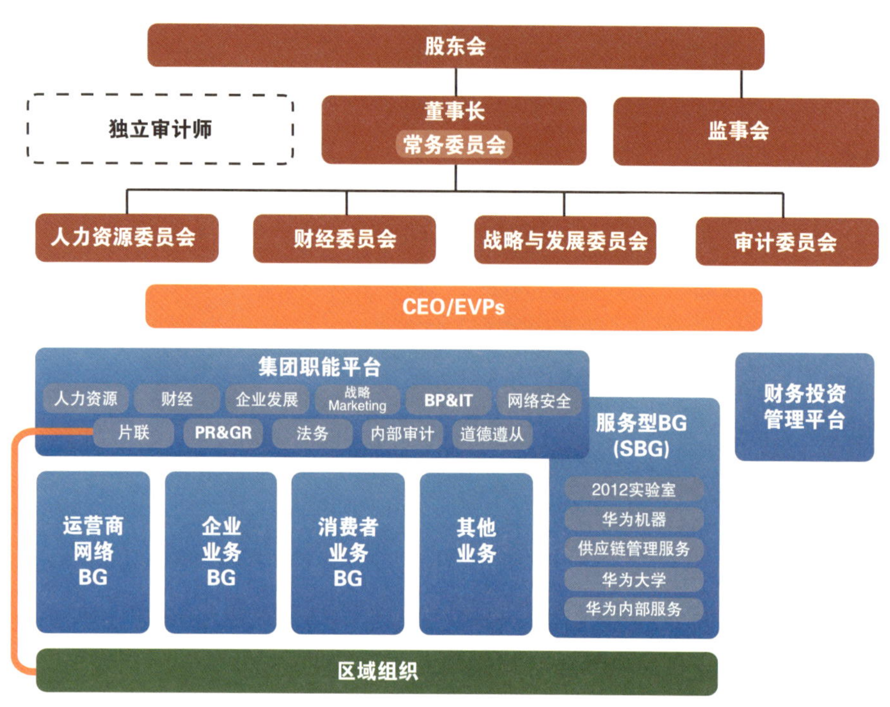

华为的多维分工模式

（三）协同方式是组织变革的内在逻辑

1.领导与计划协同制约组织变革

专业化分工必然带来协同问题。西蒙认为，“所谓组织就是解决协同的方式方法”。

在波特模型中，领导与计划自然成为解决协同问题的主要手段。沿用领导与计划协同方式，集团公司最容易想到的是增加集团职能部门、强化集团计划预算的管理办法。可以想象，随着公司规模不断扩大，创造性活动的协同与辅助性活动的协同将被区域公司甚至分公司、子公司等承担，集团公司总部将成为单一的管理中心，主要负责战略牵引、计划落实、资源配置、风险防范等职能。从单一企业逐步发展到集团公司，大多经历了了从运营管理到战略管理的过程。

2. 信息技术与流程协同使得集团公司组织逆发展

随着信息技术的发展，协同可以通过流程、项目等新的形式解决，集团公司开始出现从战略管理到运营管理的逆发展。比如，青岛啤酒拆分原有75家分公司的职能，只留下生产职能，使之成为75个生产基地。同时，青岛啤酒组建面向所有市场的销售体系、物流体系、售后服务体系，而创造性活动、辅助性活动和支持性活动的所有协同都由总部负责。无独有偶，海尔（2009年前）、神华等大型集团也都朝着这一方向转变。

为什么规模越来越大的集团公司可以从战略型管控转向运营型管控？道理很简单，解决协同的方式已经不再只依靠领导与计划。大家发现，协同问题中有许多是常规性的。整合信息流之后，只要建立起信息处理规则，就可以形成处理此类协同问题的流程。无论工作人员身在何处，依据流程完全可以象在一家企业那样实现协同。于是，集团公司依靠信息技术与流程，回归到了波特模型。

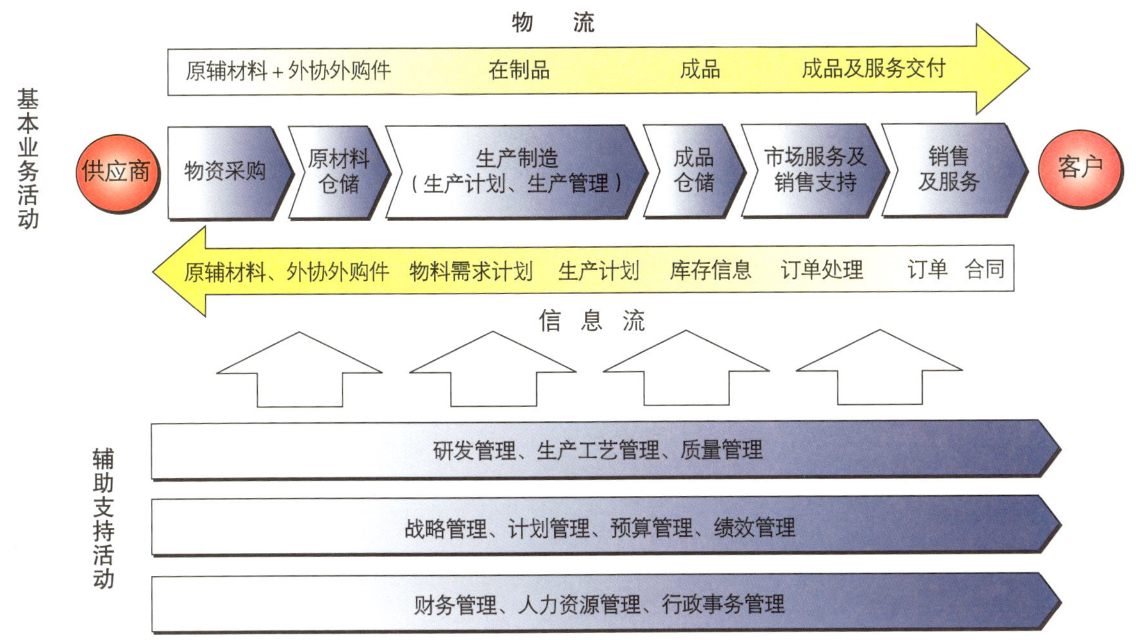

二、互联网对传统产业与组织的冲击

从以上趋势，我们已经可以看到互联网时代组织变革的端倪。设想一下，如果集团公司无限扩大，流程化程度越来越高，直至扩展到全社会，是不是每个人都可以纳入整体生产过程中，而成为单个生产单元？互联网时代的组织正是沿着这一逻辑发展而成的。

（一）互联网对传统产业的冲击

1．平台化

以往，企业完成产品到客户的联结是线性的。从了解客户需求开始，到设计、采购、生产、包装、销售、配送，直至售后服务，产品是沿着这样的路径到达客户终端，并满足客户需求的。这条路径我们称为产业价值链。传统企业或者经营整条价值链，或者在链条的某一环节实现着自身的价值。而在互联网时代，企业实现产品到客户的联结是平面的，平台化的。从了解客户需求直至满足客户需求，都是在一个平台上完成。比如小米模式，了解客户需求无需调研，而是组建社区直接收集意见；研发无须组建队伍按部就班，而是整合社会资源迅速形成专业意见；生产无需建立工厂，而是制定标准委托加工；销售无需打通渠道，而是网络平台直达客户。

对比分析互联网时代的组织与传统企业，互联网时代的企业更像是置身于全社会为一集团公司之下的某一生产环节，通过信息技术实现资源整合，完成协同，达到满足客户需求的根本目的。

2．专业化

以往，产品与服务追求尽量大而全。只有越全面地满足客户需求，企业发展才越有保障。而在互联网时代，产品与服务不求大而求精，不求全面而求极致。只要某一点做到最优，就有生存的空间。过去，企业鼎足而立的现象很普遍，跑赢某一地域的竞争对手，就可偏安一方；而互联网时代则是赢家通吃法则，平台可以轻易渗透任何角落。没有别人无可替代的亮点，就只能被整合。

2005年参观某区域人才招聘网时，我曾质疑他们如何在中华英才网、前程无忧、智联招聘等巨头中生存，对方不以为然，认为全国性招聘网无法完全替代区域性招聘网络。虽然道理不错，但如果不做定位上的区分，不体现出自身特有的专业化，最终只能被兼并，或者被挤出竞争行列。

对比分析互联网时代组织与传统组织，可以看出，互联网时代的企业更像是将全社会视为一集团公司，自身聚焦于某一需求，专业分工更为细致化。在专业化的基础上，通过资源整合来完成满足客户需求的全过程。

3. 速度化

如果说传统企业赢得竞争的点还有很多，那么在互联网时代，速度几乎成为竞争的唯一要点。只有速度快，才能先于对手建立平台；只有速度快，才能先于对手占领市场。

我曾经见过一家只有20多人团队的国外公司，但他们却创造了年收入近百亿的奇迹。该公司针对课程开发者分散与受众同样分散的情况，打造了线上和线下平台，面向全球人员收集原创课程并发布。尽管有的课程只是两句话，有的课程只是三个观点，但只要有价值，受众就会给予评价。该公司总裁告诉我，他们要做的事只是与最受好评的课程原创者签订合作协议，然后包装课程，再销售出去。

在互联网时代，哪怕是非常不起眼的需求，都会创造出巨大的商机。然而，互联网时代又充分体现出先入为主的规则，速度为王，赢家通吃。最近WeWork模式比较火，许多中国公司纷纷进入这一领域。我认为，地产商们或许可以凭此模掀起一拨获取资源的热潮，但真正做此模式恐怕已经有点晚了。

（二）互联网对传统组织的冲击

针对以上三点，互联网时代的企业组织也呈现出与传统不同的特点。

1. 组织无边界

以往，企业中的人、财、物有明确的边界。但平台化本身就是“只求为我所用，不求为我所有”，而专业化与速度化更要求最大限度地整合最好的资源，赢得先机。如果说传统经济社会中的最小细胞是企业，那么互联网时代的最小细胞已经细化到了个人。每个人都能充分发挥自己独有的价值，在某一领域中为诸多不同组织提供专业服务。比如，到家美食汇充分利用当地小区的退休老人、全职太太等资源，既最大限度地节省了人工成本，又解决了客户的信任问题。当然，互联网时代的种种行为也正在给传统社会规范带来冲击，未来劳动关系如何界定及是否需要界定等问题，都将是研究的课题。

2. 管理无层级

过去，为保证战略传承和执行效率，企业要建立层层组织，往往形成高层决策、中层管理、基层执行的金字塔形模式。而在互联网时代，满足客户的方式已经平台化。组织中每个单元、每个个体都以其专业能力实现价值，管理越来越契约化、机制化、非专业化，而以管理为生的中高层，自然也渐渐缺乏存在的价值。因此，互联网时代的企业更加体现出管理无层级的特点。比如，乐食派使产品的制作过程几乎完全标准化，服务也基本标准化，然后去除了所有中层，绩效管理直接针对服务员。这大大提高了响应速度，减少了运营成本。

3. 运行无法度

过去，“行有行规”，每个行业都有特定的共性模式。而在互联网时代，只有共性思维，没有共性模式。大量具备互联网思维又脱离原有行业束缚的企业跨界，反而出人意料地成功了。传统金融领域企业必须具有资质，以保证投资人安全。而互联网金融P2P（个人与个人间的小额借贷交易）、O2O（线上和线下结合）、众筹等模式的兴起，越来越模糊了金融企业与非金融企业的界线。

三、互联网时代的组织与人力资源变革

为应对互联网的冲击，许多所谓的组织与人力资源管理概念都需要抛弃或更新。

1．从组织管控到合伙机制

在传统企业中，由于组织有边界，如何实现有效管控是组织发展的关键命题。组织如何提供持续服务，如何不断提高效率，如何营造文化，如何有效配置资源，如何合理分权等，围绕组织管控产生了无数的课题和方法。在互联网时代，平台化的运行模式、极致专业化的服务和速度化的响应都要求最大限度地整合资源和简化组织。应运而生的合伙机制不但成为互联网时代企业满足客户的常有生态，而且成为企业内部建立协同的模式。比如，海尔从2007年至2009年邀请IBM打造集团化管控模式，与其他企业一样，整合研发、生产、销售等功能，形成集团一体化经营模式。到了2009年，张瑞敏认识到这种模式能让海尔不断提高效率，却不支持甚至扼杀了海尔的创新。因此，他果断中止了该项目，提出自主经营体的概念，像阿米巴一样开始划小组织内核算单元，推行企业内部类市场化运行。2012年后，为消除传统观念和强化平台意识，海尔去除了所有分公司、子公司、部门的称谓，统一称为某某平台，主管也不再称总经理、主任等称谓，而统一为某某平台负责人。

2．从绩效激励到分享机制

在传统企业中，战略—计划—预算—绩效—激励是企业运营的主线。围绕这一主线，如何将战略分解至各组织目标，如何将目标细化为可执行计划，如何配置合理预算资源，如何实现过程管理从而落实计划，如何有效激励，都是企业经营管理的核心问题，也由此产生了一系列工具与方法。在互联网时代，在专业性的基础上实行合伙，在合伙制基础上实行核算，在核算明晰的基础上实行分享，成为最简洁的组织内部运行法则。越来越多的企业放弃了KPI、平衡记分卡等传统管理工具，开始推行内部类市场式运行模式，并按各自贡献，以约定好的分享方式共同参与价值分享。比如海尔提出的“人、单、酬一体化”，不论职务高低，不论组织层级，公司上下一律按每个人服务的对象价值、实现的价值获取相应回报。

3．从人资管理到人才开发

在传统企业中，人力资源管理在解决了企业用工合规、内部氛围和谐、人员管理有序的基础上，围绕着价值创造、价值评价和价值分配，以焕发员工激情为目的，进行着一系列的管理活动。20世纪90年代后，在创新成为企业经营的主题背景下，又增加了围绕着人才标准、人才甄选、人才培养和人才使用这条线，以能力持续提升为目的，进行另一系列的管理活动。在互联网时代，人力资源管理的两条线本质没有变化，但实现的方式却发生了巨大变化。前者以合伙机制为基础，以分享机制为落实，将原有的管理行为转化为市场行为，后者以专业化为基础，以合伙制为保障，将原有理行为转化为协作行为。

扁平≠高效

文/杨少杰

杨少杰，研究组织形态管理的独立学者，组织形态管理理论、企业形态进化规律的提出者。

“扁平化”是这一年来出现的频率较高的关键词，人们把“扁平化”看成了传统企业转型的标志，因而变革重点指向了企业形态的扁平化，扁平化真的意味着转型成功?

在这个特殊时期，扁平化不仅不能解决问题，甚至还有可能导致企业加速消失。为何这样说?追根溯源需要先理解为何要扁平化。

为何要扁平化?

因为传统企业形态不扁平，导致运行效率低下。

传统企业绝大多数形似“金字塔”，采取的是职能型组织结构形式，事业部(包括子公司)其实也是职能型组织结构的一种表现形式，因为在集团企业中事业部承载某种特定职能。职能型组织结构最大特点是内部采取了“分工”与“协作”的管理方式。企业规模越大，职能分工越细、管理层级越多，巨型企业更是如同俄罗斯“套娃”，大集团套中集团，中集团再套小集团，小集团内部还有众多的单体企业，这样变成了市场中的航空母舰，导致船大难掉头，“大企业病”纷纷发作，典型症状是内部消耗严重，协同效率低下，市场反应迟缓。

不要以为“大企业病”是大企业或国企的“专利”，只要采取职能型组织结构都会有这一天，且无解决良方，除非改变组织结构形式。因此，很多规模较大的民企也表现出“我们就像一个国企”的无奈，这仅仅是“五十步笑百步”的区别。

如果扁平化仅仅通过减少中间管理层级实现，那其实是一种“瘦身”方式。这种“瘦身”方式或许在十几年前能够提升企业运行效率，但是在今天，这种方式很难达到相同的效果，为什么?因为市场变化加快成为新常态，此时扁平≠高效，甚至扁平=低效。

扁平≠高效

为什么这样说?回答这个问题需要先了解传统企业的“金字塔”形是如何构建而成。

传统企业管理模式建立在职位管理基础之上，因此“金字塔”就是由职位“一砖一瓦”构建而成，职位成为最小的建筑材料。有了职位管理体系，职能分工才能不断细化，管理层级不断增加，企业规模不断扩大。职位管理体系的最大特点是稳定，因而“金字塔”也具有超强的稳定性，在市场变化不明显时，稳定是一种竞争优势，一旦市场频繁变化时，稳定即从优势变为劣势，在“变化”面前稳定变成了“僵化”。

在职位管理基础之上进行扁平化设计并不难，拿掉中基层即可实现，但是这种扁平化并没有解决效率问题。因为扁平化以后，原来由不同管理层级承载的责权归集到了一个管理层级，这对任职者提出非常高的要求。当初管理层级增多也是由于企业发展需要而逐渐形成，且非一朝一夕之功，即便这些中间层级产生了严重消耗，但也创造了价值。一旦扁平化以后，虽然管理层级减少，但管理幅度却增大，内部消耗固然降低，但也加重职位负担，一旦任职者不堪重负，无异于“金字塔”结构中出现“断层”。市场变化加快必然导致意外频发，难免会让人焦头烂额，甚至束手无策，企业高效运行从何说起？

在传统管理模式下的扁平≠高效，企业转型需要的是高效的扁平化。

如何实现高效扁平化？

实现高效扁平化必须改变“分工”与“协作”的传统管理方式，实行集成化、系统化的流程管理。

多数传统企业具有清晰的业务流程，但不见得实现了流程管理，这两个概念相差甚远。流程管理用“集成化”取代“分工”，用“系统化”取代“协作”，导致企业从垂直型管理模式向水平型管理模式转变，此时扁平化是把传统的“瘦身”形式转变为“分身”形式，企业可以通过调整业务流程适应市场变化，这种转变实现了扁平与高效于一身，西方先进企业莫不如此。

基于流程管理的扁平化必须与能力管理体系相搭配，让能力管理体系的灵活性替代职位管理体系的稳定性。但是，中国企业的管理者一听就会头疼，因为能力管理体系设计不仅烦琐，而且不易掌握，这是对能力管理体系的一种误解。很多企业的能力管理体系之所以未发挥作用，皆因“错配”了传统管理方式。任何事物从无到有都是一种挑战，职位管理体系也不是一开始就被企业所接受，能力管理体系亦如此，都需要一个从简入繁、逐渐成熟的过程，这个过程将与流程管理体系建设节奏相一致。

一旦实施流程管理，组织结构也将从传统的职能型向流程型转变，而在转型过程中必然要采取的一种过渡型组织结构——矩阵型，因为只有矩阵型兼有职能型与流程型组织结构的双重特征。矩阵型组织结构是迈向高效扁平化的第一步。

今天的企业转型绝非在传统管理模式上的修修补补，而是一次系统化再造工程，扁平化仅仅是其中一个标准，而且是一种高效的扁平化。组织管理其实是一盘棋，当企业进行扁平化设计时，必须建立与扁平化相匹配的管理机制，否则必将被“打回原形”。扁平化仅仅是企业转型的开始，而不是结束，未来企业将会面临更大的挑战。

4

焦点

Concered

薪酬管理、绩效管理和员工持股问题一直是人力资源管理中的焦点和难点，设计或处理不好会使员工和企业陷入两难或双输局面。反之，合理公平的激励体系能够保障企业人力资源的良性发展，节约人力成本，提高员工敬业度和忠诚度，达到企业和员工的双赢，这在知识型企业尤为重要。本辑请中国人民大学吴春波教授、著名人力资源专家全怀周先生和张小峰博士对此发表了看法。

员工持股的理想和现实

文 / 吴春波

吴春波，中国人民大学公共管理学院教授，经济学博士，博士生导师。

"员工持股"理论的初衷：把劳动者变成资本工人

"员工持股"理论的奠基人路易斯·凯尔萨，在1956年创立了美国历史上第一个员工持股计划。1958年，他系统地提出了员工持股计划的思想，写了一本很重要的书，《资本主义宣言：如何用借来的钱让8000万工人变成资本家》。1986年，他和他夫人完成了《民主与经济的力量》，所谓的民主与经济的力量，他提出了三条道路：第一条道路是社会主义道路，第二条道路是资本主义道路，第三条道路叫第三种经济力量，对员工持股计划的理论与实践做出了更深入、更系统的描述。

他提出的第三条道路就是把劳动者变成资本工人，进行身份转化，通过实行员工持股计划，使员工持有公司的内部股份，这样劳动者就有了双重身份，一重身份是被雇佣者，另一重身份是作为公司股份的持有者，这样能够使劳动提供

者以资本所有者身份参与公司财富分配，与资本所有者共享公司的成功。

这样，员工作为劳动工人，取得工资、奖金、福利保险，用于养家糊口；另外，他作为资本工人，以内部持股的形式，积累个人财富。对于企业来讲，员工持股计划通过内部的设计，为企业的发展注入了经济与民主这两种力量（企业的两种新的机制产生）。民主的机制是作为股份的持有者，可以参与公司的管理决策；经济的力量在于通过物质方面来调动员工的积极性，来和企业达成命运共同体、利益共同体和责任共同体。前者叫"金色的握手"，后者叫"金手铐"。这就是凯尔萨整个思想的来源。思想的云化成了实践的雨，变成了员工持股计划的实践。

必须知道的"四大目的"和"五个基本理念"

经过了实践的演变，当前，员工持股计划其实已经形成了一个体系。有六种方式：员工持股计划（一般企业）；员工股票购买计

划（高科技企业、惠普式）；股票认 购权（高科技企业、关键员工）；受限股（赠送股、管理层）；随意股（小企业、特殊员工）；奖励股（员工股票购买计划的一种，限制使用）。

国内员工持股计划的形式相较要单一，而上述六种员工持股计划在国外都有实践，且一个公司也可以有很多种，如微软就有四种员工持股计划，针对不同对象、为了不同的目标而设立。

员工持股计划目的何在？

（1）奖励为企业和股东创造价值的人；

（2）使股东的利益与员工的利益紧密结合，而不是形成在企业内部不同的利益集团和利益群体；

（3）让员工一起分担公司经营风险；

（4）让员工分享公司的成功。

特别提醒大家注意：国外员工持股计划的基本原则是分担公司风险和分享公司成功。只分享成功不分担风险的持股计划，那叫“天上掉馅饼”计划。风险和成功一定是要统一的、均衡的。

员工持股计划我总结了以下五点。

第一，它是一场静悄悄的革命。 我们读马克思的《资本论》就会知道，《资本论》为资本主义敲响了警钟，提出无产阶级是资产阶级的掘墓人。资产阶级也是有智慧的，他们经过深入的思考，提出了自己的解决方案，无产阶级既然是我们的掘墓人，那我们就要消灭掘墓人，怎么消灭？实施员工持股计划，把无产阶级变成资产阶级，最后无产阶级没了，就没有人为资产阶级敲丧钟，就这样，一个新的社会机制就诞生了。

从这个角度讲，顶层设计很重要。员工持股计划实际是把无产阶级转化为资产阶级，最后形成了庞大的中产阶级。过去我们认为资产阶级是保守的，这是一个错误的判断。资产阶级最富有创新精神，美国社会的动力就来于中产阶级，中产阶级也是最稳定的阶层。所以说员工持股计划是一场“静悄悄的革命”。

第二，它是金色的梦想。如果现在我们生活很贫困，没关系，我们还有梦想照亮现实；如果没有梦想，就会破罐子破摔。所以，今天不美好不要紧，我们可以向往美好未来；如果未来还不能带来什么，那活着就没什么劲了。

第三，它是金饭碗。员工持股计划是一个金饭碗，意味着这个工作对员工很重要，它能给员工带来个人价值，也能给员工带来巨大的利益回报，员工才会珍惜工作。现在一些小企业，一个月给1000块钱工资，你哪敢加强管理？你不管他都想走，你一个月给他1万块钱，带来的变化就不一样，这就是金饭碗。

第四，它是金手铐，留人的手段。 在我们人力资源中有各种留人的招，感情留人（这是最虚的）、氛围留人、文化留人……不是说这些不重要，而是最有效的留人手段还是要靠基于利益分享的“金手铐”。

第五，它是金色的握手。就是通过员工持股计划，将两个利益主体基于共同目标整合在一起，形成一个利益主体，也就是我们讲的利益共同体。

在上述四个“金”中，“金色的梦想”和“金饭碗”是激励，“金手铐”和“金色的握手”

则是约束。这说明：员工持股计划内含激励和约束 的机制。它不仅仅是激励，还有约束。

一定要问的七个员工持股的问题

1. 员工持股计划是一种机制，还是万能良药

我认为，员工持股计划仅仅是也只能是现代企业制度的一个构成部分，而不是现代企业制度的全部。员工持股计划只能建立在现代企业制度之中，而不能凌驾于现代企业制度之上，或独立于现代企业制度之外。员工持股计划不能解决企业经营的所有问题，其定位只能是企业的人力资源领域。

2. 员工持股计划是激励机制，还是约束机制

如前文所说，员工持股计划所提供的是并不仅仅是一种激励机制，更是一种约束机制，是激励中的约束，也是约束中的激励，偏颇任何一方，都是对员工持股计划的曲解。值得注意的是，激励的内涵是提供一种压力，绝不是花钱买积极性，长期持续的积极性是任何金钱也买不到的。

3.是企业家持股，还是全员持股

我认为员工持股计划所面向的是全体员工，而不仅仅是企业个人，或企业家群体。企业家仅仅是员工组成部分。从某种意义上讲，在员工持股计划面前，人人平等。

4.员工持股计划是投资，还是投机

投资是有规则的长期行为，其目的是取得更大的回报。投资是建立在对机会和风险的预期基础上的；投机是无规则的短期行为，其目的是不投入或少投入而取得回报，它对风险不承担责任。所以，我认为员工持股计划要生成的是一种长期的投资行为。

5.员工持股计划是送股，还是买股

人们一般不会珍惜轻易得到的东西，这是人的天性，得到得越容易，失去得越快。没有投入，就不会珍惜产出。无可置疑的是，员工持股计划必须将股票放在高高的山上，需要努力登上去才能拿到，而不是放在员工的手上。

6.员工持股是重点倾斜，还是平均主义

失去了重点倾斜，我相信员工持股就失去了激励力。平均主义的最大缺陷就是没有激励。同时必须注意的是，倾斜的重点是那些为企业曾经提供过和将继续提供贡献的员工，还必须建立在企业价值评价体系基础上。

7.要股票增值，还是股票分红

股票增值是一种持久的长期激励，股票分红特别是高额分红，将长期激励演化为短期刺激。刺激能否发挥作用，不仅取决于刺激的力度，而且还取决于员工的反应程度。在国外，高速成长的企业一般是不分红的；国内公司则大多采用高分红的回报方式。

最后，对于一个企业家来讲，我们要学会抑制自己的贪婪、学会分享，这是成就一番事业必要的基础条件。

经营导向的薪酬管理六大必知要素

文/全怀周

全怀周，天津大学管理学博士，华夏基石管理咨询集团首席人力资源专家。

在多年的咨询工作中，我发现对企业来说，薪酬管理的问题有很大差异，不管是系统性的还是单点性的，每个企业都有自己的独特情境和具体问题，那是否能够用一种标准化的方式和方法去普适性的解决企业薪酬问题？我认为在薪酬管理体系设计中引入结构化的思维即可以解决普适性的问题。

我把薪酬管理体系（常规的）划分为六个基本结构单元：策略、模式、结构、标准、分配、调整。这六个环节基本上能够涵盖整体的常规薪酬体系设计。这里有一个观点需要澄清：虽然很多人提出“战略性薪酬”的概念，但是从目前企业经营发展状况上来看，我个人认为，界定为“以经营为导向的薪酬体系”可能更适合于解决企业的激励问题。因为，薪酬问题与企业经营问题密不可分，单纯依靠薪酬管理体系设计的基本技能是解决不了企业核心问题的。

我把以经营为导向的薪酬管理分为六个基本结构单元，逐一简要讲解一下。

一、薪酬策略——“给谁”和“给多少”

最简单的理解，策略就是给谁高给谁低的问题，这里面有几个关键因素需要注意。

第一，给谁？HR都知道，激励问题中核心的是核心人才的激励。从薪酬角度来讲，第一个需要解决的问题就是如何分辨、界定核心人才（或者向谁倾斜）。

而核心人才的界定，需关注几个因素。一是企业的主业是什么？最简单的思维是，薪酬激励要向干主业的人倾斜。二是市场的稀缺性（或者市场价值）。举个例子，我最近正在咨询服务的一家施工企业，企业整体相对比较成熟，我们首先是把施工人员界定为是企业的主营业务人员。但是需要考虑的是，企业现在价值创造的方式是否仍然是传统的、以自己组建施工队伍来做？调研分析后我们发现，事实上，施工人员已经不是这家企业创造价值的核心人员了，因为他们的管理方式已经从生产经营逐步

向管理经营方式转变，由于大部分业务都外包了，施工人员大幅减少，真正起核心作用的是工程管理人员。那么，这就会转移我们的价值分配导向，策略应该是向这些管理人员倾斜而非施工人员。

这是一个简单的例子，仅仅说明一下策略中的第一个问题，即要判断清楚谁是为企业创造价值的人。

第二，给多少的问题。当然，从理论上来讲，给多少要参照市场价格，但在实际中不一定是这样，因为存在行业特性以及所谓公平性、内部与外部的因素等诸多问题。根据我的经验，针对企业现有人员的薪酬，内部的相对高低要比外部的相对高低对人的刺激作用会大一些。当然这里没有数据支撑，只是从企业中获取的感受。

那么，通过对上述两个基本维度的分析，就可以对薪酬策略有一个基本判断。

需要强调的是，在很多管理著作中，关于薪酬策略问题的阐述，大多是通过与市场作比较，比如跟随、领先、滞后等策略。我个人的建议是，在企业制定薪酬策略时，可能要更加关注于较为粗放、宏观、方向性的因素。因为薪酬策略解决的是方向性，或者说是价值分配导向的问题。下一个步骤则是如何通过价值分配方式去落实策略理念。

二、薪酬体制——个人、岗位、业绩的内在逻辑

所谓薪酬体制，是针对不同类型特点的员工而言的，由于其价值创造方式不同，对其付薪的方式也会有所区别，因而就产生了体制上的差异。我想重点介绍的是体制制定的思维和逻辑。

从一般性来讲，薪酬管理的“价值理论”和“3P理论”我是比较认同的。个人、岗位、业绩，是决定薪酬的三个基本要素，体制设计的逻辑也要以这三个要素为依据。

举例来讲，最常见的可能就是岗位绩效工资、提成工资。那么究竟应该用什么体制，依据什么逻辑？拿管理人员来讲，这一类人员的业绩很难定量评价，但这一类人员的核心工作开展方式是围绕管理职能要求，那么，确定付薪的依据是否就可以界定为岗位？如果可以，那么以岗位为基础的工资体制可能更适合于此类人群。所以，我们可能会给出这样的判断：管理人员适合于以岗位为基础的工资体制。但是，仅仅依据岗位还不行，还要把评判他工作效果好坏的因素纳入付薪机制中，如是否可以增加绩效部分？如果这两个理由是充分的，那么岗位绩效工资制可能就比较准确地反映此类人员的付薪依据。

当然，这里阐述的是薪酬机制设计的思维逻辑。具体的机制设计，则是要建立在不同类型、不同层级人员分析的基础之上，即通常所说的“分层分类”的概念。

三、薪酬结构——核心付薪要素与企业经营导向差异

结构问题与体制问题是联系在一起的。就像刚才举例谈到的岗位绩效工资设计的逻辑，一般来说，体制确定了，结构也就差不多了。但是之所以要把结构单独提出来，是基于以下几点考虑。

一是体制反映的是核心付薪要素，而不是全部。所以，在体制核心付薪要素之外，是否需要有其他的补充，比如，要不要给补贴？这些是通过结构问题解决的。

二是体制明确的付薪要素，并没有完全回答哪个更重要的问题。所以，在结构设计中，要回答清楚孰轻孰重的问题，即我们常规意义上的比例问题。

理论上大致如此，但是在实际设计中，可能会因企业不同而有所差异。比如，这次国企改革中的一项重要内容是负责人薪酬改革，意见中提出的年薪制，包括基本年薪、绩效年薪、任期年薪等，所以，薪酬结构的设计与企业属性有很大关系。

再比如，如果企业经营导向不同，也会造成很大差异。例如我最近同时服务着两家行业性质相同的企业，薪酬结构却大不相同：一家企业要求完全的业绩导向，最基层的管理人员薪酬浮动部分比例不少于50%；另一家就是完全的稳定导向，绩效部分占的不能超过10%。这个例子想阐述的是，关于结构和比例的设计其实差异化很大，受企业自身因素影响较深。但是有两个基本原则可供参照：一是前端的、一线的人员，浮动部分应该相对较大；二是较高层级的人员浮动部分应该相对较大。

四、薪酬标准——规则标准很重要

这个问题在绝大多数企业（包括员工）看来，是薪酬中最重要的问题。毕竟直接影响员工的收入、影响企业的成本。如果说策略解决的是薪酬导向问题，体制解决的是付薪依据的问题，结构解决的是付薪方式问题，那么，标准解决的就是付薪多少的问题。这是前面四个环节之间的逻辑关系。

做HR的都知道，薪酬标准（水平）的设计要考虑到公平性。所以，非常有必要通过市场化水平的比较来确定企业自身的薪酬标准制定。这个出发点没问题，但我在这里想说的逻辑是：确定薪酬标准首先要明确的是要制定哪部分的标准。有些标准可以参照外部水平，但有些是无法参照的。比如，餐饮补贴是300元合适还是500元合适？市场上一个岗位的年度收入水平是10万元，这10万元是常态化的还是非常态化的？诸如此类的问题会导致因对象不同而采取不同的标准。

我认为，薪酬标准可以划分为三种类型。

第一种标准叫做浮动标准。以现在比较流行的宽带薪酬来讲，浮动标准的意思就是这部分标准是不固定的，虽然是有明确的数值。那么，与薪酬体制和薪酬结构结合起来，常见的岗位工资就可以采用这种类型。第二种标准叫做固定标准，就是一个给出固定数，如饭补标准、年功工资标准等。第三种标准叫做规则标准。

注意，规则标准在这三类标准类型中最为重要。为什么这么讲？首先，规则对于水平来讲是非显性化的，简单说就是谁也不知道事先能拿多少钱。

其次，规则的引导性更强，多数情况下，规则标准起到的是激励性作用，比如提成规则。最后，企业如果希望控制总额（多数国有企业的做法），或者在收益和人工成本之间有一定的管控关系，核心是通过规则标准来实现的。

关于各类标准的设计依据，一方面是要参照市场水平。这点很重要，虽然市场数据不一定是准确的，但多比较几家，或者针对一部分典型岗位进行比较还是有一定的参照意义。另一方面如果是一家老企业，历史水平不可忽视。也就是说，标准水平的确定，是要考虑到内外部双重因素的。

在薪酬标准环节，还有一个重要的问题需要解决，就是同一岗位不同人的定薪问题。这是我们说的第二个“P”（个体特征或能力特征），我们需要制定的是针对不同条件的个体定薪规则。宽带薪酬的方式为这种个体薪酬差异提供了可操作的空间。关于个人的定薪规则，最基本的方式，就是按照岗位+个人特征两个要素进行确定（业绩要素暂时可以在定薪时忽略一下）。

五、薪酬分配——基于企业整体薪酬管控模式而定

前面四个环节解决的是体系设计的静态问题，而分配和调整解决的是动态问题，或者说是运行问题。这里交流几个分配中的重点问题。

第一，所谓分配，不是简单是跟某个项目、某个人挂钩，而是因薪酬管控策略不同而有所不同的。例如，国企薪酬分配模式和民企分配模式就有很大差别。有固定周期分配的，也有非固定周期分配的。因此，分配环节第一个需要考虑的问题，从HR的角度，是要基于企业整体薪酬管控模式而定。

第二，分配的依据。如果围绕薪酬结构项目制定分配策略，那么就要考虑到分配的依据是否充分。比如，绩效工资是浮动还是名义浮动？ HR在制定分配政策的时候会需要很多数据或者系统支撑。

要再强调一下的是，分配政策一定要与企业薪酬管理模式结合起来考虑。

六、薪酬调整——“小步走，年年有”

调整是非常重要的因素，很多人干几年不愿再留下的重要原因就是几年薪酬都没见涨，感觉没奔头。所以，薪酬调整的作用，不是简单的涨与不涨，而是怎么解决对人的持续性激励问题。

在实践中，薪酬调整有两个普遍问题。一是很多企业会把当年效益中的一部分拿出来当成当年的奖金发了，而不是长远考虑。效益水平取决于当年的业绩，但并不代表未来，就可能很难起到未来导向、持续性激励的作用。二是不知道效益水平的提升应反映在哪些薪酬项目中，也就是说效益涨了，涨薪落脚点不清楚，该给谁涨不该给谁涨？涨到哪里都不清楚。

其实我一直建议企业应该有这种观念：不管当年效益涨多少，比较好的方式是小步走、年年有。比如今年利润增长了1000万元，老板心里一热，年终给员工分200万元。其实这么分不是最佳方式，比较合理的应该是，100万元作为年终奖金，100万元折算到每个月，当成明年的涨薪。这样可以把眼前的激励和后面的激励结合起来，每年少涨一点，争取都给大家涨，持续性可能会比较强。

新时代下，人力资源从业者如何透过经营看管理

文/张小峰

张小峰，中国人民大学人力资源管理博士。

从工业革命开始，社会分工进一步加剧，大规模生产逐步取代个性化家庭式生产，成为社会主流商业形态，第二次世界大战期间，为满足战时军用品而产生的“泰勒制”生产理念，宣告了现代管理学的诞生。

第二次世界大战之后，美国颁布了《退休军人权利法案》，使得知识工作者逐渐踏入商业社会，成为创造社会价值的中坚力量，商业社会也由此步入了知识经济时代，由此，管理工作也成为企业活动重要的组成方式。

作为管理工作不可或缺的人力资源管理，要想做好，对于从业者而言，应该从以下几点出发：

一、明确经营和管理的关系是什么

德鲁克在《成果管理》一书中，首次使用了“成果区”这一概念，也区分出了经营与管理的内涵。

德鲁克指出，企业为了持续发展，必须不断扩大自己的“成果区”，即依靠组织内部资源协调将外部资源（知识）转化为外部成果（经济价值）的过程。这里所讲的外部成果，即德鲁克所讲的“成果区”。

他还提出，“成果区”由企业三方面的经济任务构成，产品/服务、市场/客户、渠道。而企业经营活动则被定义为逐步利用机会扩大“成果区”的过程，即企业经营活动是为成果区服务的。

与机会牵引的经营活动相反，管理活动主要目的是解决问题，希望通过问题的解决，来恢复企业运行的正常秩序，从而摆脱对于获取成果的能力的限制。

文字略显晦涩，通俗来讲，企业经营活动主要目的是求机会，谋发展，思考企业未来的发展方向是什么，机会如何获取，经营活动是扩张性的，体现的是张力；管理活动则强调规则、秩序，也更加理性，希望利用最小的投入，获取最大的价值。

经营的核心是效益优先、价值优先，管理的核心是效率优先。经营是机会导向，管理是问题导向，这是经营与管理本质的区别。

当然，作为人力资源从业者，首先要明白经营与管理的区别，同时还要明白，在实践中，经营和管理是无法割裂的。经营要为管理指明方向，管理要为经营解决问题。

落实在人力资源的具体工作，就要为企业的经营服务，通过人力资源管理解决企业发展的人才发展问题、激励问题、目标导向问题；同时，也要利用人力资源管理手段，扩大经营机会，拓展企业“成果区”。

二、明确企业管理活动需要开展哪些工作

同经营与管理的关系无法分割一样，作为管理活动的一个分支，人力资源管理工作同样不能脱离企业日常管理。而管理本身，又包含三个方面：管理企业，管理管理者，管理员工和工作。

管理企业，主要从企业的八大领域，即市场、创新、人力资源、财务、供应链、生产系统、社会责任、利润等方面，来推进企业的经济活动。

管理管理者，意在解决企业内部包括秩序、结构、激励和领导力等问题。主要工作是为管理者设定目标、加强自我控制、界定工作职责、建立管理组织的精神、健全管理结构，并且培养未来的管理者。

管理员工和工作，也是管理的一项重要工作。

管理员工主要从三个角度来体现，把员工当成资源，区分人力资源和人的资源，态度也是一种生产力。管理工作则从工作本身出发，通过工作筹划等形式，协调相关资源，推进工作的良好开展。

把员工当成一种资源，就是将人力资源看作所有资源中最有生产力的资源，要求管理者找出运用人力资源的最佳方式，并据此建立最适合人力资源特性和限制的工作组织。

员工作为一种资源，要结合意志、个性、情感、嗜好、心灵来考虑安排，人的特殊贡献往往在于人能够完成许多不同的动作，具备整合、平衡、控制、衡量和判断的能力，所以管理活动要将人看作人力资源，而不仅仅只是人的资源。

态度也是一种生产力，则指明员工工作的动机和态度，对于绩效产出的直接影响作用。

在以上管理的内涵里，派生了组织管理、人力资源管理、企业文化、财务管理、供应链管理、市场营销等不同领域。由此，作为从业者，不难看出，人力资源管理工作也无法跳出企业日常管理，否则，所有的工作将成为无源之水，无根之木。

三、新时代下，人力资源管理工作该如何开展

互联网时代，IT（信息技术）的出现，大大超出了人们的预测范围，它正在深刻地改变着经济、市场和产业结构，改变着消费者细分化、消费者价值和消费者行为，同时也改变着工作职位和劳动力市场。

作为人力资源从业者，在

新时代下，如何透过经营来看管理，如何通过人力资源管理方式的革新来应对新的经营挑战？是我们不得不面临的问题。

今天，从薪酬和绩效两个方面，来探讨一下移动互联时代，人力资源管理者可以从哪些工作入手，促进企业的经营活动和长久发展。

1.基于岗位的静态薪酬体系要向基于贡献的动态薪酬体系过渡

新时代下，人才自由流动，市场价格随价值及需求上下波动，对于人力资源从业者而言，最苦恼的事情莫过于，新入职员工岗位薪酬远远高于老员工岗位薪酬，降低新员工薪酬，就吸引不来优秀人才，提高新员工标准，又打击老员工工作积极性，两者都提高，又生生增加了企业的人工成本，怎么办？

面对如此困境，就需要革新薪酬管理体系，从基于岗位的静态薪酬体系，逐步过渡到基于贡献的动态薪酬体系，实现“系统中平衡，动态中平衡”。

所谓“系统中平衡”，指的是，由于人才市场原因，新员工入职固定工资虽然远远高于老员工，但在薪酬体系中，在能力薪酬、绩效薪酬、利润分享、股权激励等方面，向价值贡献大的员工倾斜，逐步实现系统中平衡。

所谓“动态中平衡”，指的是，虽然静态的薪酬体系中，新员工工资高于老员工，但是在动态体系中，升职、加薪、调岗等方面，向价值贡献大的员工倾斜，逐步实现动态调整中平衡。

需要注意的是，无论动态还是静态，单一还是系统，薪酬高低的依据是价值贡献大小，而非新老员工的标签。

此外，随着90后逐渐步入职场，薪酬体系也要针对新生代员工的新特点予以优化，比如基于全面承认员工对组织的价值贡献而提出的全面认可激励理论，比如基于移动互联技术的微认可方式等，都可以成为从业者提高员工满意度，激发员工积极性的工具和方法。

2. 基于指标的绩效管理要向基于目标和行为的绩效体系过渡

衡量企业经营活动优劣的方式之一就是经济绩效，也由此产生了各种各样基于经济价值最大化的企业绩效管理工具。

随着信息革命到来，移动互联时代，由于企业的经营逻辑变了，也必须区别于传统的绩效考核方法，采用更加个性化及有针对性的绩效考核方式。

传统绩效考核方式	移动互联时代考核方式
以财务为基础	以创造价值为基础
以利润为中心	以客户为中心
绩效目标自上而下层层分解	由一线层层驱动，构建目标体系
以BSC（平衡计分卡）、KPI（关键绩效指标）为主要技术方法	以OKR、全面认可、积分化管理、目标管理为主要技术方法

不同于传统企业和成熟性企业的战略地图分解法，新时代企业需要从“成长引擎”出发，找到需要坚守并持续下去的“关键成长领域”，通过分析企业的“成长引擎”，分解企业关键成功领域及关键成功要素，并基于此确定适合于企业特色的个性化绩效考核手段。

OKR：“目标和主要成果”（Objectives and Key Results），日常考核运用，主要包括以下几个步骤。

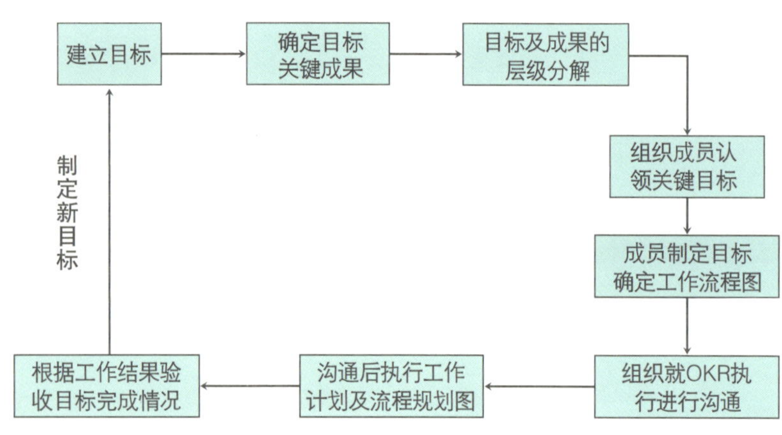

（1）积分化管理，也称游戏化管理，是互联网企业“游戏化思维”产物，核心宗旨为：工作本身是对于工作最大的回报和快乐源泉。

（2）价值观考核，也称文化管理，国内最早进行“德能勤绩廉”中的“德—廉”即为价值观考核，国内互联网巨头阿里巴巴的“六脉神剑”也是价值观考核的典范。

（3）GS（工作目标设定）考核，过程考核的重要手段，基于工作开展过程中员工的行为和工作开展的程度构建整体绩效考核体系。

需要指出的是，虽然技术革新迅猛，未来未知，但目前企业存续的方式没变，企业经营的逻辑也没变，管理的本质也就不会变，人力资源管理同样如此，薪酬的目的还是为了激励，绩效的目的还是企业的目标实现，只不过根据不同的外部特点和对象，革新了传统的技术方法而已。

不过，随着大数据、物联网和人工智能的进一步发展，商业社会的根基一旦发生变化，所有的经营思想，所有的管理理念，也必将发生翻天覆地的变化。面对未知，人力资源管理从业者唯一能做的，就是期待。

5 人物 People

柴可　移动时代的护花骑士 / 杨洪峰

你很难把这个身材壮硕的纯爷们和著名的女性健康管理App“大姨吗”联系起来，然而正是他创造了全球最大的垂直女性健康管理应用的传奇。如今，“大姨吗”的用户超过1亿，柴可也入围2015年中国十大经济年度人物评选，成了在线女性健康管理领域里众望所归的“教父”。

柴可 ChaiKe
移动时代的护花骑士

文/杨洪峰

20世纪在哥本哈根举办的联合国妇女大会曾公布过一组数据：女性承担了世界上三分之二到四分之三的工作量，却只得到全世界十分之一的收入和百分之一的财产。而且，更为不公的是，女性的家务劳动从未被计入各国的国内生产之中，而职业女性往往在工作的同时还要承担生育、哺乳等责任。

今天，就我国情况来说，由于第三产业的比重不断增大，受过教育的女性不断增多，职业女性的工作领域也不断扩大，不断进入到许多过去由男性主导的行业或职业领域。但是，社会一方面在强调“男女平等平权”“同工同酬”的同时，另一方面却容易忽略职业女性的生理属性和社会角色属性。同时，在对待女性雇员的问题上，不少企业仍或多或少有些微妙的心态，而女性在求职场上不受欢迎也是不争的事实。

但是有一个人不是这样，他是柴可，2015年“最具发展潜力雇主”获奖者“大姨吗”（北京康智乐思网络科技有限公司）的创始人，他把对女性的关切和爱护，做成一种产品，也做成一种使命；同时，他也把对女性雇员的尊重和关怀，做成一种责任，也做成一种情怀。

说到柴可，你很难把这个身材壮硕的纯爷们和著名的女性健康管理App（应用程序）“大姨吗”联系起来，然而正是他创造了全球最大的垂直女性健康管理应用的传奇。如今，“大姨吗”的用户超过1亿，柴可也入围2015年中国十大经济年度人物评选，成了在线女性健康管理领域里众望所归的“教父”。

由于社会意识和隐私方面的原因，女性生理问题在我国许多场合一直不是一个可以正大光明在台面上讲的事情，相关卫生知识的普及和这方面的服务也比较欠缺，使得许多青年女性并不知道如何认真对待自己的生理期，造成很多妇科疾病的隐患。医学世家出身的柴可敏锐地意识到了这个问题，也意识到这是一个巨大商机，他想要创造一种工具能使女性实现对自己的健康管理，移动互联和加拿大的教育经历给他提供了这种机会，“大姨吗”诞生了。

柴可把为女性服务视为一件很神圣的事情，他的公司针对男员工有一个特别的入职仪式。就是在入职第一天，要求这位男员工必须垫着一片浸了水的卫生巾上班，让他切身体验女性的感受，也表明从这一天起，他开始为女性服务了。

这种宗教式的仪式带来了两个结果，第一个是，他的男员工完成了一种心理转换，不再把这当成是一个戏谑式的事情，而是会非常认真地从女性的角度考虑问题，无论是做产品还是做服务，都在用户体验方面做到极致；第二个是，他的男员工单身率特别低。“因为我们的男员工特别懂女性，这样找女朋友就很容易”，柴可对此感到欣慰。

柴可公司女员工和男员工的比例达到6：4，出去谈业务，别的公司往往是男士多些，而“大姨吗”的队伍则经常是一水儿女士；许多IT互联网公司的产品部门都是男性组成，而“大姨吗”除了总负责人，其余全是女性。

这么多的女性雇员，柴可并没有将此看作负担，而且，对于职场中的男女平等，他有他的看法：“首先我们认为，男性和女性可能唯一的区别，就在于生殖系统。生殖系统一个最明显的表征就是一个有月经，一个没有，一个可怀孕，一个不可。所以真正谈职场平等的前提是大家先认知清

是在早上11点钟到下午4点钟，而且主要是在周一到周五，这段时间她们基本上是在工作岗位上的。但是这个时候大部分职场女性会比较尴尬，自己没有准备，公司里又往往不会储备卫生巾，所以或者找同事借一片，或者赶紧下楼去买。但其实这可以作为对女员工的一种关怀，一个呵护点。"

楚两性的生殖系统是不一样的。我们不可能让男人去怀孕，那你也不可能让女人在职场上完全像男人一样。"

所以，"大姨吗"的女员工都受到了特别的关照。"姨妈假"是其中最显著的一项，公司的女员工每个月都可以在月经期间休一天带薪假，也不需要提供什么证明。柴可说："我们可能是全国第一个又把例假假搬回来的企业，就是当女员工来例假的时候，可以在最难受的那天请一天假。"

这成了公司男员工和其他公司女员工无比艳羡的事情。"但是"，柴可说，"我发现我们这样做之后，我们的员工并没有利用这一制度随意请假，我几乎没有收到过请假条，她们最多就是确实难受了，干完活早点下班。她们认为公司充分信任她们，也回馈给公司足够的信任。"

除了放假，女员工在经期还有免费的卫生巾可以领用，柴可希望别的公司也能够这样，谈到原因，柴可说起了他们的数据分析："我们的数据发现一个很有意思的问题，大部分女孩子来月经

除了以上，贴心的柴可还让公司食堂为经期女员工准备了可缓减痛经的菜品和饮品，尽可能地减少女员工经期的烦恼。

孕妇产假是任何一个公司都很在意的一件大事，柴可却给他的女员工们放足额发薪的产假，该放多长放多长，平常是多少钱的工资，放假期间一分不少。2015年，"大姨吗"有130多位女员工，就有6位怀孕休产假。柴可说："这个比例真不低了，这对公司来说确实是一个很高的成本，但我们采取这个方式，也是因为相信我们的员工不是为了这个福利才来'大姨吗'的。"

许多人觉得柴可在员工管理上太理想化了，但柴可有自己的想法："我个人有一个很偏执的想法，就是说在我的公司我好好地照顾了别人的老婆，那我的老婆也在别人的公司，我也希望别人照顾好我的老婆。如果企业把所有的在职女性都照顾好，那就是照顾好了整个民族的妈妈，她们怀着的是我们的下一代。从经济方面来讲，如果

每一个企业都承担起自己公司女性的孕期福利的话，实际上全社会男性的经济压力都在下降。所有公司也不会为此额外付出多少，因为你的男性员工会更稳定。”

大智者必怀仁，但是柴可的“仁”也得到了回报，如同没有多少员工刻意休“姨妈假”一样，柴可发现，即使是在家里休产假期间，他的员工还是想着公司，继续处理公司的事情。柴可觉得，一个公司最好的福利，不是照搬别人提供某项福利，而是与员工之间建立一种信任体系。

在创业企业中，柴可的员工流失率算是很小的，这一方面源于他通过尊重、理解和付出建立的“信任体系”，另一方面也是他与员工共享企业发展的理念和实际行动所致。“大姨吗”人数不多，但持有期权的人比例很高，两年以上的老员工，基本是全部持股，因此他的基干团队稳定性极高，而且，这还带来另外的好处，“就是这支团队它很皮实，遇到挫折不太害怕，也有很强的责任感”，柴可说。

如今柴可把目光投向更远，开始探索进军智能物联网医疗设备的可能性，但他仍然不变初心，把为女性健康服务作为自己企业的使命。每开发一个产品，他都希望能切实地帮助到女性同胞。他努力在用户体验上下工夫，开发任何产品，不仅产品经理要亲身体验，他也尽可能地亲身体验，比如，一款备孕软件“好孕妈”，就是随着他自己孩子的孕育、生长，一次一次地优化，一个版本一个版本地升级。

行业的热度催生了更多的竞争者，一个个巨头，大量的热钱涌入进来，对此，柴可很淡定，多年的行业历练让他胸有成竹：“如果遇到笨的，那我们就是狭路相逢勇者胜，谁的方法更粗鲁，谁就跑得快；如果是勇者相逢，那就是智者胜，我们做智者；如果大家都是智者，那就是忍者胜，我认为应该叫坚守者胜，我就做那个坚守者。互联网行业里最难的就是坚守，我会一直坚守。”

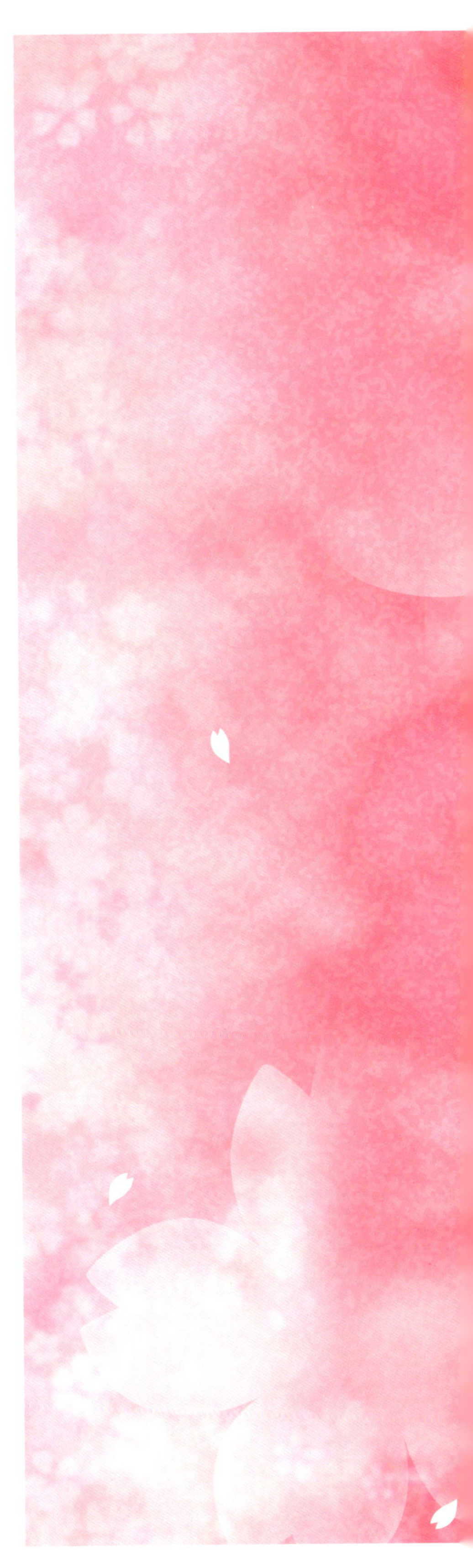

6

企业

Company

国际化企业在人才的招聘和培养方面有长久的积淀和国际视野，许多地方可资借鉴，但近年来中国的本土企业也在不断自我摸索中形成了一些优秀的人才招聘和培养办法。本辑介绍两家国际化企业：法国佛吉亚和英国希尔顿全球在华公司的人才培养理念、机制，以及一家本土企业：山东航空公司的独特人资管理经验。

ShanDong Airlines

山东航空：在飞行员身上“押宝”

文/何雅

对于航空公司这一行业的人力资源组成来讲，担任飞行任务的机组人员和空勤人员虽然只是很小的团队，但由于其岗位的特殊性，所以招募和培训都和其他职业大不相同。山东航空的特点是在飞行员身上“押宝”。

一、用外国经验打造本土化飞行人才

任发明一直觉得山东航空在招聘和培养飞行员方面有着独到的法门。

作为山东航空人力部的人力引进经理，任发明告诉我：“一个飞行员从养成阶段开始到正式投入试飞需要7年时间。”就山东航空来说，现在他们招收飞行员的途径主要来源于两方面：养成生飞行学院，大改驾（即在普通高校中招收大学生改飞行技术专业学生）飞行学院。和三大航空公司主要靠养成生（因为三大航空可以至少固定住10个省的招生）相比，山航能力没那么大，所以养成生招收占一半，大改驾招收占另外一半。

不过这两种培养方式又和其他地方有些差别：就大改驾来说采用的是联合培养，即山航会参与学生的教学，包括课程体系、监督和选拔。但是对于养成生这一块主要采取委托培养，既不参与教学，也不参与管理，让学校自己来组织，最后再独立招收。

那为什么不直接采用从其他航空公司引进人才的模式呢？这样还能降低时间成本。对于这个问题，任发明自己的看法是利用外才发展内才，立足于自有人才的培养。比如招募飞行员，在不同的发展阶段要有不同的手段，在起步阶段，要利用外力才能使山航获得生产力，快速产生效益。所以最早期的山东航空是从军队上调来的海军航空兵、陆航团和空军飞行员三种，后来开始从外航借调，甚至借助国际上的飞行员，比如俄罗斯和美国的。但这些做法是短期的，而且存在弊端，比如长期引进外籍飞行员，会导致层次不齐、不稳定，而且竞争激烈，不少从俄罗斯或者是美国来的飞行员进入国家的民航系统体检或者技术检查时很难通过；另外，外籍飞行员会压制自有飞行员的培养，会导致人才培养的恶性循环。所以，引进外才的目的不是留用而是利用他们发展自己的内才，到如今，山东航空已经不再使用任何其他公司的飞行员，完全用自己自培的，因此山航也成为我国所有中大型航空公司中唯一没有外籍飞行员的公司。

二、飞行员的选拔仅次于潜艇人员

很多人知道要当飞行员很难，那到底有多难？用任发明的话来说，在各种职业的人才选拔里难度仅次于潜艇人员，因为要成为一个合格的飞行员，不仅体能素质要好，而且对身体的要求覆盖面也很广。飞行员招收有国家标准，体检、心理评估、政审、背景调查标准等，不是一家企业就能做主的，所以掺不了假。在山东航空，其挑选飞行员标准有100个单项，虽然单独来看，1个单项标准可能不高，但是叠加后就没有多少人能够符合条件；其次，对学历也有硬性要求；最后一个心理品质要求也非常重要，当三方面的要求加在一起，能脱颖而出的人寥寥无几。

三、高福利留住核心岗位，巧规划优化其他职位

随着许多新航空公司的不断兴起，飞行员这种稀缺人才跳槽的比比皆是，而对于航空公司来说，损失这样一个人才的成本也很巨大。

如果飞行员大批量流走怎么办？

任发明表示这种现象不太可能发生，因为国家有相关的机制。比如在华东地区，民航管理局和总局有一个指导性意见：每年流动量不能超过实际在飞人数的1%，如果超过1%的话，只要公司不同意就只能走法律途径强制你不准流转。在这种情况下，为了保证那1%的飞行员也能安心留下，山东航空对飞行员的照顾几乎是竭尽全力。

在薪酬方面，山东航空每年的薪酬都会有个调整，但这有一个预定量。比如，今年山东航空的调整幅度就是5%～10%，而这个上涨的量几乎全部加到了飞行员的身上，无形中就牺牲掉了很多地面人员的利益，所以在山东航空飞行员的薪酬在全国应该都算是领先的。

飞行员的待遇已经让人羡慕，而对家属的安置政策更是面面俱到。比如，某个飞行员的爱人没有工作，山东航空就会给这位家属交五险一金，同时再发放济南市最低工资。

当然，这并不意味着，只有招聘飞行员是最重要的，其他岗位就不用太用心。针对非飞行员的人员招聘，山航前期会建立一个时需倒推模型，即什么时间需要多少人，什么质量的人，从这个时候开始倒推，倒推到培训需要多长时间，招聘需要多长时间，招收什么质量，最后倒推出网聘公司需要多长时间，执行需要多长时间来策划招聘。当这种时需倒推模型被建立，接下来的招聘就会更具备针对性也更高效。

四、正式招聘，山东航空有“三多”：多渠、多维、多能

多渠主要选用三种方式：第一种是社招；第二种是校招；第三种是委托培养，也叫联合培养。

多维，是为了提高甄选精度，所以要采用多种维度进行测试。按任发明的设想是三个层次。第一个层次就是知识技能，这比较好测量，一般的笔试就可以，再加上有简单的简历筛查，也可以看到应聘人知识技能方面的一些背景。第二个是能力素质方面，这可以通过培训来展现，一般像联合培养、定点培训对在校生都有要求，这就可以对他们能力素质进行筛查和选拔。第三个层次是道德文化方面，这一块只能凭经验，靠评委的修炼和功力，但这个层次比较难，对评委的要求太高，所以目前的山东航空招乘务员还是以前两个层次为主。

多能，实际上也是对山航自身的要求。“拿招飞说，实际上我们一个团队就两个人，就可以把这一个站点的所有技术工作全部拿下，但是对于其他航空，这一个站点可能需要5个人了，他们得有筛查简历的，宣讲的，英语测试的，体检的……而我们的这两个人就能够完成所有任务了。”任发明希望一专多能，这样反而让招募效率会更高。

进入公司以后的很多培训相对来说也比较完善，首先入职培训大概有10天，包括拓展训练、文化灌输、分类别岗位介绍，还有社会实践，山航希望每一个新员工能在公司体会到一个文化融入的过程。同时，山东航空针对老员工还推出了轮岗管理办法，主要目的是丰富大家的工作视野，实际上也是在丰富员工职业阅历的过程中探索到更适合他们自己性格的职位。

山东航空的人力引进经理任发明说：“目前，在这个山航大家庭中乘务员的离职率在8%以内，普通员工也没有超过3%，相对来说处于一个比较稳定的状态。虽然我们还不能说已经做到了最好，但我们一直在往最好的那条路努力，把当下能做到的、最好的都给员工。”

Faurecia 佛吉亚 要留住“小鲜肉”

文/程海涛　何雅

作为一家法国汽车零部件企业，全球第六大汽车零部件供应商。佛吉亚的人才战略有口皆碑。最近这两三年，在人才招募、留用方面，汽车行业一直处于求贤若渴的状态，佛吉亚在这方面更加着重招募或培养综合型的人才。如何利用固有的品牌优势吸引优秀的年轻人才？以及在人才招募、留用方面采用哪些方法？佛吉亚有独到的做法与经验。

跨部门帮年轻人全面发展

随着中国成为全球第一大汽车消费市场，各大国际品牌、合资品牌和国内自主品牌汽车厂商在国内市场的竞争也达到白热化的程度，而人才竞争是其中的核心部分。

对佛吉亚来说，更加看重发掘、招募综合型的汽车行业人才，同时也非常注重在公司内部培养综合型的人才。“他将来可以做我们一个工厂的总经理。不仅仅是管一些生产运营，还可以管客户、管项目，甚至管研发，因为研发也是会在（GV）里面。这类人才市场上是比较少的，所以我们内部也是在着力打造这一块的人才。”佛吉亚中国区人力资源副总裁孙思群认为员工需要一个职业发展路径，培训只是中间很小的一个环节，最重要的是你怎样在岗位上学习。

在这样的人才管理理念下，年轻人被鼓励跨部门学习。因为在汽车行业，一个综合型人才即使以后不做总经理，做部门的管理者也需要全方位的视野。汽车行业是竞争非常激烈的行业，每一个项目，从研发到批量生产，会有1年半到2年的时间，每个项目会有5～7年的生命力，在这个过程当中还要去不断购并新的项目，这是一个很长的链条，如果这些部门负责人只是各司其职，是会失调的。所以每个人对于他所在的岗位要有一个全方位的视野，能站在首席执行官的角度来考虑问题，形成这样一种文化，才能形成佛吉亚价值观所推崇的企业家精神。

就内部提拔而言，根据员工日常工作中表现出来的突出特质，跟企业的价值、技能要求的匹配度高，就能被评选为高潜力的人才。对高潜力的人才，有量身定做的IDP（Individual Developing Plan），即个人发展计划。对于外部的人，则采取战略招聘，即主动去搜寻人才，根据业务前瞻性的发展需求，进行前瞻性的招聘动作。战略招聘的人才，也会有不一样的面试流程。通过战略招聘入职之后，佛吉亚将在2年之内可以使其达到目标岗位的需求。

不过目前佛吉亚大部分岗位都是通过内部提拔的，其中中高层占85%以上，高层甚至达到了95%以上。

孙思群介绍："工人也有相应的职业发展通道，如焊工，我们会选一些相对优秀的普通工人送他们去学焊接，焊工的晋升通道是资深焊工，甚至可以做专家焊工，他可以培养普通焊工。"

佛吉亚中国区人力资源副总裁　孙思群

跟公司一起前行 将潜能发挥到最大化

令孙思群感到自豪的是佛吉亚的管理体系和内部人才开发体系。举个例子，当有新人进来，大家会一起来开发他：HR作为内部的咨询师，会跟员工走得很近；业务经理从他的角度也会有一些额外的要求。所以这个人才培养机制是大家一起做成一件事情，一起造就一个人才，这个体系是大家共同认可的并运转了好几年的，证明是一个有效的体系。

"管理体系是指商务管理，比如卓越管理体系。很多人到佛吉亚都通过内部管理体系实现了职业目标，公司也因为他们的成长更加壮大，所以这是一个双赢的事情。"孙思群说道。

佛吉亚相信合适的人会跟随公司走很远，而与公司价值观一致的人会走得更远。

"我们要不遗余力地为员工打造一个职业发展平台，即使有个别人真的被高薪挖走了，我们也不能把好的传统、好的体系摒弃掉，因为我本人相信，那些被挖走的人，其实就类似雇佣军，是没有忠诚度的。"针对现在市场上一些公司比较急功近利地买人才，孙思群认为他们应该更注重培养人和忠诚度。

佛吉亚推崇"尊敬"的价值观，"我们6大价值观中有一条叫做Respect——尊敬，什么叫尊敬？尊敬不是每天早上跟你问好，尊敬有一条很重要的内容是，公司有责任把每个员工的潜能发挥到最大化，公司有责任做这个事情。这是写在我们的价值观里面的，我们也是身体力行去做的"，孙思群说。如今他们在全国有1.2万名员工，很多员工来佛吉亚之前，在原来的公司没有实现的职业目标，在佛吉亚实现了，因为佛吉亚的“尊重”。

精神物质双满足，薪酬福利没问题

要让员工死心塌地为企业干活，除了精神上得到满足，物质层面的满足也很重要，这就需要提到佛吉亚有竞争力的薪酬福利制度。

对于初级人才，佛吉亚的薪酬分为两部分，一部分是commercial，另一部分是non-commercial。他们每年都会做薪酬调查，一些薪酬顾问公司的调研他们都会参与，以此对全国汽车行业的薪酬水平做出整体判断。至少要达到市场平均水平，对于一些关键岗位甚至还会超过行业水平。

non-commercial主要包括职业发展的通路、公司提供的资源，不仅是培训的资源，还有提供在员工发展身上的人力。“我们有一个新的领导力发展模型，其中重要的四部分里有一部分就是员工成长，这也是每个业务经理都要做的事情，他们就是前线的HR，我们是内部的咨询师。”

而对中高层，除了提供有竞争力的薪水外，佛吉亚也会激励员工在同样的岗位创造出新的东西，同时也鼓励通过平行移动来打开视野。

大叔也可以变“小鲜肉”都有一颗年轻的心

佛吉亚始终重视校招，每年有25%～28%校招新进员工来保证人才的基础供应。校招人群中大部分都是90后，已经成为大叔的佛吉亚如何迎合这群“小鲜肉”呢?

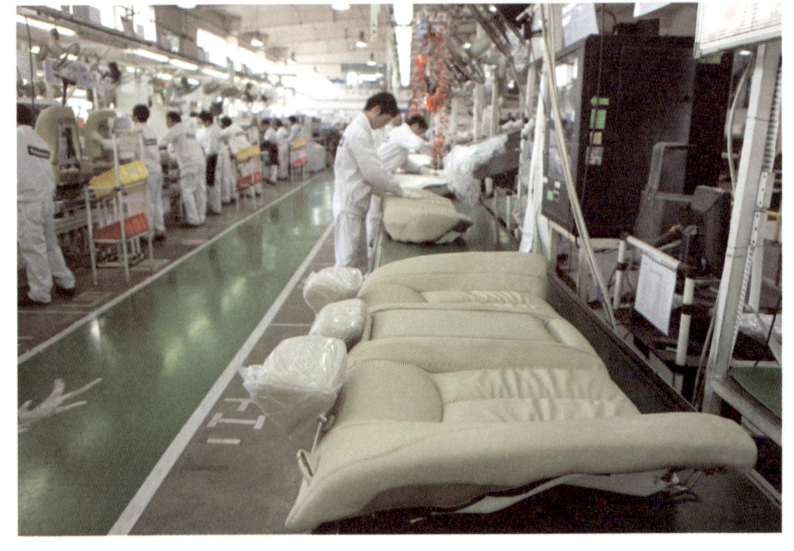

孙思群是这样看待这个问题的：一个公司不可能因为某一类人群、某一类员工去做特别的改变。但是汽车行业是一个日新月异的行业，现在又是在互联网+的时代，所以公司也致力于往这一领域发展。一个企业只有更加契合市场的环境才会吸引各类人才，年轻人就是其中一块。

“大叔也好，年轻人也罢，实际上在这样的环境下，大家都会有一颗追求上进的年轻的心，就像李宗盛唱的那首歌，可能我们身体已经老去，但是心永远年轻。对于企业来讲，不管你是百年的老店，还是新企业，都可以永远焕发青春。所以你一定要跟得上或者是踏得上时代的节拍，甚至能引领在时代面前，就不会落伍。各类人群，各类员工也会被吸引进来。”对于社交媒体，佛吉亚的微信平台是很活跃的，大叔也可以发一些“小鲜肉”的内容。

> 佛吉亚的理念认为90后可能会对他们周围的东西更感兴趣、他不会只关注自己的个体。所以，公司会充分尊重90后的特点，不去试图改变，而是在尊重的基础上，引导他们同公司需求达到一致。

Hilton

加入希尔顿，这里迷人得不可挑剔

文 / 何雅

希尔顿全球大中华区及蒙古区人力资源副总裁　李平海先生

说到希尔顿，你想到了什么？是高品质的酒店体验，还是宾至如归的满足感？我想到的却是那位漂亮、性感的继承人。好吧，算我肤浅。不过，话说回来，希尔顿全球的服务确实无可挑剔，单从碰到每位服务员都会得到一个暖暖的微笑来说，这种心灵的愉悦感就是其他酒店难以给予的，而这也从一个侧面反映了希尔顿全球的管理水平。那么，就让我们来学习一下希尔顿全球大中华区及蒙古区人力资源副总裁李平海的人力资源管理经吧！

希尔顿全球举办女性领导力大会，希尔顿全球亚太区总裁马霆锐（左七）、中国区领导层及杰出女性人才出席此次盛会

机会，在这里更多

职业发展的过程中，最重要的就是机会。不论处于哪个时代，从来不会缺少人才，他们缺少的是机会。许多刚毕业踏入社会的年轻人如果能给他们机会，也同样可以在企业中做出不菲的成绩。

年轻人是目前世界上占比最大的群体，他们面临着就业和晋升的巨大压力，但是单纯靠增加就业机会，却忽视对他们专业技能的培养，并不能真正使他们在工作中成长。因此，

Careers@Hilton Live：
酒店业青年月

希尔顿全球通过与中国的大学建立合作关系，持续投资相关项目，建立导师机制，以更好地培养新一代的酒店业人才。目前，希尔顿全球已经和18所中国大学建立了合作关系，实习和管理培训生项目辐射学生人数超过3万名。此外，每年有超过2000名实习生在大中华地区的酒店实习。

“酒店业是典型的轻资产运营模式，其中最重要的就是人才，最需要快速填补的也是人才。”李平海认为，希尔顿全球在中国的不断发展，创造了大量的就业机会，尤其是在许多蓬勃发展的二三线城市，需要的酒店业员工数量很多，让更多的年轻人加入到酒店行业，是一个必然的趋势。

不过，误判和偏见阻碍了年轻人加入酒店行业，对酒店业寻求符合条件的求职者造成巨大挑战，加剧了人才缺口。要突破这些阻碍，希尔顿全球认为要给予年轻人最直接的体验，请年轻人到酒店来，与年轻人沟通，让他们了解酒店，并给予他们加入酒店的机会。现在，新生代的年轻人对于工作的选择都非常有主见，只要他们认为这个工作符合他们的兴趣，也喜欢企业的文化、环境，那么对于雇主的选择就会非常坚定。

其实，对于青年人才的培养和雇佣一直是希尔顿全球企业责任的重要组成部分。在2014年世界经济论坛年会上，希尔顿全球就宣布了一项全球性承诺：未来5年内，将与全球和本地的合作伙伴开展合作，通过提供培训、资格认证和市场机会，以支持青年创业家以及培养酒店业新生代领导者等方式，帮助全球百万青年发挥潜能。其中，整个5月是“Careers@HiltonLive：酒店业青年月”，在长达一个月的宣传活动中，酒店通过举办招聘会、就业指导讲座以及见

习计划等方式，让青年认识和了解酒店业。通过这一系列活动，可以联络青年并帮助他们掌握为个人未来做出明智决策所需的知识和经验。

希尔顿全球意识到每个年轻人都有各自的职业理想，因此他们有不同的方式和途径帮助他们实现职业目标，打造一个友好互动的工作环境与文化。同时，他们还设立大量的奖项、活动和福利来表彰表现优异的员工，以激发员工的工作热情和提升其工作满意度。

另外，希尔顿全球还推出了一系列的团队建设与企业责任项目，在传递企业价值观的同时提升员工的归属感，他们所做的这些努力，对于吸引新一代的员工至关重要。

培训，在这里更强

刚毕业踏入社会的年轻人，最困扰他们的就是来到一个全新的陌生环境中不知道该做什么、怎样做，这也是企业不断吸引来员工，却又不断失去新员工问题的一个源头。解决方法就是让他们接受培训，增加工作技能，让他们不至于在工作中产生迷茫、彷徨的感觉。

在服务行业，很多求职者对希尔顿全球都有好感。除去希尔顿全球自身的品牌影响力外，希尔顿全球进入中国的27年中，公司不断为团队成员提供培训机会，建立了良好的声誉，是酒店业雇主典范。前不久，希尔顿全球荣获的由优兴咨询（Universum）颁发的“2015中国理想雇主”奖和“旅游业行业龙头奖”就是一个力证。

希尔顿全球除了与遍布在中国各地的200多所学校建立联系、提供实习机会外，也与中国18所学校建立起战略合作联盟，共同培养人才。希尔顿全球会从这些学校中挑选品学兼优的学生，并为他们制订实地职业培训课程。在整个课程学习中，这些学生将获得在希尔顿全球旗下酒店的全职实习机会，积累共计10～15个月的工作经验，进一步巩固和补充在校期间所学的理论知识。

每一年，希尔顿全球会进行2次绩效面谈，经理以此来了解员工的工作表现和潜质，同时，也了解员工的梦想、兴趣等。资质卓越的人才还将获得国际职业发展、专业培训及跨部门发展的机会。中国员工也有机会参加希尔顿全球的交换项目，到海外酒店学习。

2012年，希尔顿全球推出中国管理培训生项目，此项目旨在发掘与培养出一批优秀且有潜质的未来管理人才，通过12个月的强化培训计划使其迅速成长为酒店的中坚管理层。这项培训计划是在酒店不同岗位轮岗实习，也包含了商业项目的实操，同时涵盖各领域的专题培养，并根据其在轮岗过程中的表现提供酒店各部门不同的职位机会。

此外，希尔顿全球还设有一套体系完善的继任者培养方案，以更快更多地培养当地高级管理人才。

归属，在这里找到

企业的人才缺口还来自人才流失，当今的企业并不缺少人才，但是，怎样留住人才才是关键。

留不住人无非就是不满意薪酬、不满意工作环境、员工三观与企业文化不符这些原因。李平海提出：“薪酬和环境可能是一些企业现阶段难以克服的问题，但是企业文化却是完全可以打造的。企业文化是企业的性格，具体表现为其坚信和共享的价值观及行为准则。希尔顿全球致力于打造这样一种企业文化，无论是男性或者女性成员，其价值能被充分肯定、备受尊重，并能发挥无限潜能。”所以在2015年，希尔顿全球还为此举办了一场女性领导力大会，以推广公平对待女性员工。

希尔顿全球致力于为团队成员打造出色的职业生涯，为他们提供培训与发展机会，以及一切能够保证其职业道路顺畅的工具，还会提供丰厚的回报和优质的工作环境。这一员工价值主张不仅与其人力资源管理策略一脉相承，也得到了团队成员的积极反馈。近百年的经营历史，使希尔顿全球孕育了贯穿于企业理念和经营方式全过程的企业文化，正是这样独特的企业文化帮助他们留下了许多优秀的人才。以大中华区为例，许多员工已经与希尔顿全球共同成长20余年，他们是公司文化的最佳体现。

在希尔顿全球，很大程度上不是员工“讨好”企业，而是企业要“讨好”员工，希尔顿全球愿意了解每一个团队成员的需求，并且尽力去满足。除了系统地培训项目外，公司还有绩效管理评估系统来激励团队成员。管理评估系统包括设立全年目标、半年考核以及年终总结。此外，经理们与团队成员会保持密切沟通，了解他们的目标、意见和顾虑，提供适时的反馈和指导。在这里，员工得到了尊重，发出的声音被倾听，所提的意见还会被纳入和反馈在公司政策中。如此强烈的存在感，你说谁还愿意离去呢？

7
观点
Voice
2016：企业用人的变与不变 / 马松有
雇主品牌四问 / 潘平
"阳明心学"与管理实践 / 陈智慧
在中国如何给员工授权 /Frank T. Gallo博士

2016：企业用人的变与不变

马松有

马松有，资深HR经理人，专注于组织行为与组织文化研究。

2015年的企业家和HR，除了有一种“互联网焦虑”，还有一种焦虑，就是“经济寒冬中，要不要裁员，如何裁员”的问题。就在敲下这段文字的时候，又让人波澜起惊：××公司宣布剥离电视业务裁员7000人，××化工公司董事长坠楼身亡，××电子厂老板失联、3000名工人面临集体失业……

2016，“十三五”新开局，经济或平稳发展，但总体感觉，中国企业仍然普遍面临高成本、低利润、残酷竞争的种种问题，职场人在各种矛盾共生中寻找新的方向或舒适区，并追求所谓的自我实现。因此，组织和个人始终矛盾共生，并在不断失控中寻求平衡……

2016，企业用人应该如何求变？我想没有固定答案。但总要追本溯源，细细思量一下问题的基本层面：企业的问题，人的问题，然后，企业用人的问题自得其解。

企业的问题：企业的变与不变

企业时代变了，周期性不变。我国自2010年GDP（国内生产总值）首超日本以来，成为全球第二大经济体。 特别是在过去的五年中，很多企业变了：经营场所变大了、人员队伍变大了、固定资产变多了、业务种类变多了、子公司孙公司变得比比皆是了、企业家变得雄心勃勃敢于大肆举债了。但别忘了，这是基于GDP总量的增长，一些企业得以产业整合，迅速成长。同时也别忘了，在一个经济周期内，扩张、登顶、收缩、探底是不可或缺的各个阶段，GDP的惯性足以成就一些企业，也足以毁灭一些企业。

企业环境变了，风险性不变。企业变大了，问题和风险也增加了。如同我们的生活，变化很大但矛盾很多。我们每个人都有一部手机，却并不意味着我们亲密的联系。我们每个人开一辆车，却可能同时堵在路上。因此，这是一个高效率的时代，也是一个高风险的时代，多元化的环境，复杂化的结构。在企业里，60后到90后四代同堂，在互联网的影响下，组织设计更加复杂，组织边界更加模糊，组织权力更加分散，组织文化更加多元。管理的不确定，不确定的管理，变得普遍而增强了。作为一个企业，是否意识到社会环境变化也是一种企业管理风险呢？

企业功能变了，数理性不变。德鲁克说企业是社会的器官。那么毫无疑问，如今这个器官的功能发生了变化。它可以变成上市公司，可以变成集团化公司，可以变成互联网+的公司。但是，一个企业的存在理由不变，仍然是为了创造客户、谋取利润，其经营本质仍然是“收入－成本＝利润”的动态平衡，其管理本质仍然是“权力＋责任＋利益”的等边结构，其个体行为本质仍然是“行为≥贡献”的基本逻辑。企业的经营管理，不讲究这些数理性，就动摇了生存结构。

人的问题：员工的变与不变

员工的做法善变，选择动机不变。人心跟随时代，环境影响人心，比如说一个老人倒在马路边，没人轻易上前搀扶。你问我敢扶吗？轻易不敢！你问我想扶吗？真的想！这种现象只是人们的情境选择，但人们对真善美的需求和向往并没有消失。在企业里，不是员工没有忠诚度，也不是员工不积极上进，前提是要创造一个环境，促动他做出预期的行为。不然，员工会表现出很多你不解的做法，那是一种满足其自身动机的合理选择，所谓“人不为己天诛地灭”“天下熙熙皆为利来，天下攘攘皆为利往”，是人性的自私自利，是趋利避害的人之常情。

员工的想法善变，需求矛盾不变。曾经有个HR同行说，公司要上市了，很多员工分到股权了，“然并卵”，激励效果却并不明显，不知道员工都想的啥。这是为什么呢？因为员工不再是等着工资过日子（特别是90后，基本不会缺钱，或者说上班不是为了钱），金钱利益并不足以让其感恩戴德。按照马斯洛的需求层次理论，职场中很多人不是为了追求生理安全，而是在追求所谓的自我实现。如果企业仅仅想靠利益作为杠杆，那只能一厢情愿。人

性是一个矛盾体，所谓“一半是天使，一半是魔鬼”，理解了员工需求，才可能获得员工的激情。

员工的用法善变，效能分布不变。一些搞招聘的HR会有这种感受：招人难，留人难，不停招聘，越招越难。背后其实有两个问题：一个是人岗匹配胜任力的差异，另外一个就是用人部门的用人水平，而后者更为关键。如果管理者不能“忍受”绩效平平的员工，不能“忍受”与自己意见向左的下属，就会形成对员工简单粗暴的“用法”，不行就走人，不行就再换，这种善变是HR应付的难点。管理者容易忽略一点：精英永远是相对的小众，优秀员工也不过10%的分布，管理者就不能有点“皮格马利翁”的精神效应？所谓“人之初，性本善”，忽略了员工的可塑性，管理者效能也会事倍功半。

企业用人的问题：企业用人的变与不变

规律至上，用利益看人。基本来说，企业服从经济规律，人才服从价值规律。从人的需求动机来看，利益的视角成为一种必要。企业可以谈理想，同时还要谈利益。比如说要重奖励，要大力奖励给企业挣钱的人（直接增加收入的人），也要特别奖励给企业省钱的人（间接节约开支的人），更要合理奖励给企业存钱的人（有效发现或使用前两种人的人）。有人说华为的人力资源管理很成功，就是因为钱分得好。所谓的薪酬激励体系、绩效考核体系、职业发展体系等，只是要体现这种意志的工具和手段。

标准至上，用理想选人。对企业选人来讲，有严谨的用人标准，有完整的岗位说明书，有科学的岗位胜任模型。凭此能够选到合适的人吗？不尽然。一个拥有岗位胜任度的人，是拥有标准能力和素质的人。但一个优秀的人才，是软硬兼具的人，是能力和理想的复合体。一个优秀的企业，不仅要选择有岗位胜任度的人，还要选择有态度、有气度、有温度、有深度的人，以利于打造企业的文化软实力。因为面对当下，需要态度；面对未来，需要气度；面对他人，需要温度；面对自身，需要深度。

行为至上，用动机管人。传统的工业时代中，被雇佣者付出劳动、时间、自由、尊严等，来换取生存生活的资料。互联网时代的情境下，释放了人性，释放了自由意志，雇员不再是绝对地依附和

服从，组织和个体成为相对平等的合作者和互利者。企业与员工的关系不是简单的雇佣关系（一般的企业），而成了伙伴关系（优秀的企业），甚至是事业关系（卓越的企业）。企业要想用好人，就要以德服人，以信立人，以财聚人，以文化人。企业要想让员工好好干，就得想办法让员工为自己干。 没有行为，就没有绩效，没有动机，就没有行为，这才是实现“成就个体、成长组织”的管理本质。

最后我想说的是，如果您是一个企业家，希望您同时拥有HR的意识（对于人才，只有用，才有用）；如果您是一个HR，希望您同时拥有企业家的认知（对于企业，只有利润，才能生存）。2016年，新经济趋势并不可怕，企业用人亦无玄妙，天不变，道亦不变。我们尽可能地回归商业本质，回归人文本质，创造历史的，只是自己。

雇主品牌四问

文/潘平

潘平，北汽福田总经理助理、资深人力资源专家。

企业的竞争，归根结底还是人才的竞争，企业的健康发展必须做到既能保留住现有的优秀人才，又能在人才市场上获得自己所需的人才，因此构建一个强有力的雇主品牌十分重要。通俗一点来说就是，当我们在购买商品时，通常都会选择那些我们熟悉和信得过的品牌。同样道理，当精英人才在选择应聘公司时，肯定也会选择那些他们认为口碑好、待遇高、发展潜力大的公司，也就是雇主品牌形象良好的公司。

一、雇主品牌是何方“神圣”

简单来讲，雇主品牌是企业的工作场所带给现有员工和潜在员工的价值，是企业在人才市场的知名度和美誉度。雇主品牌体现了雇主价值的诉求，通过给现有员工和潜在员工增加认同度与信赖感，保留现有员工，吸引潜在员工，它的终极目标是提升企业人才竞争力，让员工不断提升满意度，从而不断为企业努力工作。

二、打造雇主品牌到底有多重要

可以说，良好的雇主品牌是企业长远发展的核心竞争力，它不仅是企业品牌的一部分，对于求职者来说，也是一面光辉的旗帜，因此，企业应把最佳雇主品牌作为企业一个长期战略来经营。那么建设良好的雇主品牌有哪些重要意义呢？对企业来说，良好的雇主品牌能提高组织美誉度，加强人才竞争力，帮助组织准确匹配价值观相符的人才，它对企业综合实力的提升与可持续发展有促进作用，也是企业最好的无形资产；对于员工来说，良好的雇主品牌能增强员工的忠诚度与自豪感，增加员工对企业的信任感与归属感。

三、雇主品牌的形成受哪些因素的作用

雇主品牌的形成是市场环境、企业自身与内部员工共同作用的结果。

从市场环境来看，企业能否树立强有力的雇主形象，首先与所在行业的生命力和吸引力息息相关。近几年来，国内的互联网企业呈欣欣向荣之势，互联网创业公司如雨后春笋，势头强劲，这些互联网企业共分天下的局势与十多年前制造业企业占据中国经济半壁江山的时代一样，都在各自的行业里涌现出不少的优秀的雇主品牌。可以说，市场环境与行业本身，是雇主品牌生长的一片先天性的沃土，如果土壤本身的质量就差强人意，那么再好的种子也很难结出理想的果实。

从企业自身来看，企业的市场竞争力、企业文化、企业家影响力等对于能否建设好雇主品牌起到了最根本的作用。一个具有市场竞争力的企业，其实力处于行业领先，这就为雇主品牌的打造积累了足够的能量与资本，也就是说，具有市场竞争力的企业首先拿到了雇主品牌建设的“入场券”；而企业文化的吸引力与企业家的影响力在无形中也为雇主品牌的“占位”抢到了前排的位置。例如，马云作为中国电商领域最优秀的代言人，具有非常鲜明的个人标签，“传奇”“伟大”以及屡被诟病的相貌，丝毫没有影响他成为人们心中的“男神”，一个因企业成就与个人魅力而被众人津津乐道的商业领袖，无疑是一个企业最生动的内核。

除此之外，雇主品牌的建设要加强对人力资源的重视，企业要以人力资源部门为中心，带动并促进业务部门与普通企业员工的相互协同。人力资源部门在企业中的地位相当重要，做HR规划、制定政策、员工职业发展等，这些正是雇主品牌的重要内涵，而人才驱动业务发展与战略目标实现，是企业品牌的重要部分，而企业的用人文化，“以人为本”的理念，对员工的关爱等，无一不是雇主品牌的重要体现。

由此看来，雇主品牌的打造离不开先天的优势，即“拉力”，这些“拉力”由于受多方因素作用，在短期内很难取得重大突破，但是通过人力资源部门、业务部门与普通企业员工的通力合作，即“推力”，是可以有所作为的。“推拉结合”，方可取得成绩。

四、打造雇主品牌应该如何发力

雇主品牌一般是通过企业的社会行为和对社会责任的履行而被认可的，也是通过员工的体会对外所传播的好口碑。雇主品牌更多的源于员工对公司或雇主的个人感受。因此，要做好雇主品牌建设，在企业注重自身发展的同时，还要做好对外公关、品牌打造、社会责任担当，更要打造良好的内部环境和和谐、互相尊重的文化精神。

以下提供几点建议：

（1）企业要对自身的雇主品牌有精确定位。企业应通过雇主品牌的定位将自己与其他人才竞争对手区别开来。这一过程不仅需要明确的方向，更需要资源上的扶持，因此需要得到高层领导的重视。在定位的过程中，还离不开企业文化的融入，因为雇主品牌本身就是企业文化的表现之一，因此应将不利于打造雇主品牌的文化进行清洗。

（2）企业要为目标人才提供良好的工作体验与归属感。根据调查发现，员工最关心的问题具体有以下几个方面：一是个人方面，包括员工的薪酬福利待遇、培训发展、职业通道；二是环境方面，包括办公环境、工作氛围等是否有利于提高员工的创造力；三是组织内的交流机制，如企业内部人际关系是否和谐，上下级是否能进行通畅的交流，部门与部门之间是否能够公平公正的沟通；四是管理水平，包括领导能力、管理效率和绩效管理等。因此，企业应以人力资源部门为依托，打造适宜员工生存的企业内部“软环境”。良好的归属感能够吸引员工主动为团队付出，提供创新工作思路，贡献新的发展建议。有了归属感，员工才会更主动地对内和对外去宣传公司的品牌。

（3）企业要主动对雇主品牌进行宣传推广。雇主品牌的建设，不仅仅要抓内部，更要抓外部。抓内部则是要以人力资源为中心，做好企业文化建设，有效引导员工树立与组织目标一致的价值观，帮助员工深入了解企业在人力资源管理方面做出的努力，让员工深切感受企业为他们打造的良好的工作体验。抓外部则是充分利用公司的招聘渠道和营销渠道对外宣传公司的雇主品牌，以及企业的领导和优秀员工作为品牌大使，通过一些活动或者口口相传等方式，进行宣传，包括企业的品牌格言、人力资源管理的特色、公司的形象等，以此影响有可能进入公司的潜在人才，并在外部人才市场产生影响力。

“阳明心学”与管理实践

文/陈智慧

陈智慧，清华大学长三角研究院课题组专家、总裁教练。

哈佛大学杜维明教授曾预言：21世纪将是王阳明的世纪。

近年来，王阳明非常热，很多有内涵的人都在读王阳明的书，究其原因，是随着互联网时代的发展，人心浮躁、碎片化生存下，人们渴望回归，找回内心的力量。而另外的原因就是从2009年至今，习近平总书记已经六七次提到王阳明或引用王阳明的学说。

王阳明不仅精通儒释道，同时也是建立了“三不朽”（立德、立言、立功）功勋的千古第一人。而在日本，王阳明被奉为“神明”和精神导师。

被称为日本的“军神”的东乡平八郎（1848—1934年），曾率领日本海军击败俄国海军，成为了近代史上东方黄种人打败西方白种人的先例，被时人誉为“东方纳尔逊”。当时日本民众都对他崇拜至极，在一次庆祝的宴会上，他并没有眉飞色舞，而是一言不发地拿出自己的腰牌来——上面刻了七个字“一生伏首拜阳明”，举国哗然。

王阳明的可贵之处，不只是陆王心学的集大成者，也是通过他自己倡导的“知行合一”屡建奇功，这不能不对他肃然起敬。

纵观他的数次剿匪战役，都是有一整套的战略与战术，现从管理学的角度来分析他是如何克敌制胜的。

一、重视实践调研，求事不求功

王阳明刚到江西任职，不是像前几任官员一样，马上大张旗鼓就去进攻，而是分析以往为何失败的案例。

他很快从中发现，官府有内奸，因为几乎每次进攻都会在半路被伏击。于是他略施计策，就挖出不少匪帮的“线人”，他并不马上锄奸示众，而是先做爱国主义教育，然后再利用其身家性命作为降服的手段，从而让这些人成为双面间谍，取得匪帮的情报。

这一招表面看似风平浪静，和从前一样，实则内里的胜负局势已经反转，因此，阳明不可谓不智。

拿到今天看，很多高管或者空降的CEO之所以失败，就是很喜欢一上台，不仅不做调研，而是动不动就讲过去、讲经验、空谈策略，甚至大摆自己的资源和关系，像极了王阳明之前的剿匪官员，兴师动众，心里想的是如何尽快请功邀赏、证明自己的能力，最后出师不利不说，甚至给自己的职业生涯添加了败笔。

二、从源头上立机制，变被动为主动

他第一次去江西剿匪的时候也吃过败仗，但并不是他轻敌，而是他发现基础工作不扎实，原因何在?

因为他没想到匪帮的眼线经多年积累，已经错综复杂，当他去进攻的时候，依旧受到敌方的埋伏。

王阳明痛定思痛，了解到原来在当地匪民一家人，大多土匪是受不了国家的苛捐杂税和政府的横征暴敛，因此落草为寇。而这些土匪（包括兵丁）的亲人其实还在山下。

可想而知，山上的土匪既有“军粮供给”、又有“子弟兵”可招募，同时“情报”源源不断，甚至都出现过匪帮主动进攻地方衙役，使得官员四处逃窜，狼狈不堪。

王阳明发现了源头之后，就制定了“十家牌法”。所谓“十家牌法”，通俗点说就是保甲连坐制度：十家为一个单位，进行人口登记，名字数量都写在牌子上，挂在家门口。村里每天轮流巡逻，如果谁家的人丁少了或者多了，就进行严查，如果出了土匪，十家就一起受牵连。这一招实在太狠了，搞得本地土匪不用说平时，连过年都不敢回家，日久天长，山里的土匪不仅断了口粮，同时被“人民群众”孤立起来。因此，王阳明打围剿战，几乎可以称得上是“瓮中捉鳖”。

再拿到今天来看，企业领

导要真正能将公司的业绩、利润搞上去，就必须从源头上立机制。管理学有句话："好的制度能让坏人变好人；坏的制度能让好人变坏人。"

那么机制怎么建立，就要从企业的现状分析，企业到底受制于渠道、还是品牌认知度，还是公司的执行力，有没有一套合理的制度，能让团队或客户（供应商、渠道商、消费者）参与进来，同时接受奖罚机制，如果有，是什么？怎么做？

有句话说，商场如战场。虽然我不尽同意，但有一点是相似的，就是战场的主动权，如果一旦失去主动权，再好的产品、再好的人都很难把盈利搞上去。

商业的竞争不是价格的竞争，而是供应链的竞争、甚至是消费群体的数量与质量的竞争。这也就是大数据的价值。

三、不战而屈人之兵

王阳明对待土匪采用的是真正意义上的"围剿"，但他并不急于消灭，而是与土匪谈和、周旋甚至请客送礼，称兄道弟。他是通过这样来来回回的周旋来掌握土匪的内心，所以那些匪首是什么个性、怎样的心理，他都了如指掌。

除了从土匪首领身上下工夫，他深知那些士兵并非真的想造反，而是生活迫不得已而为之，因此，当他围困土匪于山中的时候，从人性出发，又写了情深意切的劝降信，信中动之以情、晓之以理，完全是站在匪徒角度看待这场战争，使得敌方军心大为动摇，很多山里的士兵不战而逃。

等到时机到来，王阳明总是出乎敌人意料地进行果断奇袭，使得对方在真真假假中无法明辨是非，因此无论是在江西还是在贵州的剿匪，后来王阳明的名字都令匪帮闻风丧胆。

王阳明运用八字诀：攻心为上、出奇制胜。

如今许多500强的高管或领导，都不重视情商，更不用说心学了。太多的高学历的领导言必战略、策略、商业模式，开口闭口高大上的经济学、金融学理论。

而在日本极其推崇王阳明的稻盛和夫先生，近80岁接管破产的日航公司，第一次开会，高管们也是如此，稻盛和夫止住了他们这些高谈阔论。说我今天只想谈一个问题，就是如何让日航的乘客提高对我们的满意度。每个人都致力于去解决这一个问题，除此之外一概不谈。

因此，不战而屈人之兵，关键是在洞悉人性、人心。

企业要想在市场上立稳脚跟，要检视自己的产品、服务、策划活动、品牌广告是否具备了人性化的关怀；同时要从企业实现的长期价值与消费者进行互动和沟通，要站在消费者的立场上替消费者代言，而不是请名人忽悠。等到"共创"时机成熟，那么企业就可以集中运用资源与优势，毕功于一役，从而占领消费者的"心智"市场。

"阳明热"是好事情，但是不能死读书、读死书，否则即使把《传习录》倒背如流，还是无法应用于实践当中。

习主席曾总结说：王阳明的心学正是中国传统文化中的精华，也是增强中国人文化自信的切入点之一。要把文化变成一种内生的源泉动力，作为我们的营养，像古代圣贤那样"格物穷理""知行合一""经世致用"。

在中国如何给员工授权

文 / Frank T. Gallo 博士

Frank T. Gallo博士，Calypso Consulting总裁及创始人，Mindset Matters Group首席领导力咨询师。

几乎每本西方领导力著作都在谈论授权对于撬动团队实力、激发员工最大价值的重大作用，当西方专家在中国谈论领导力的时候，他们几乎都会谈到授权，解释授权的重要性，描述该如何建立授权文化。

中国的管理者们也懂得授权的价值，只是他们知道在中国授权可能不像在西方那么容易，西方人希望被授权，因为他们被培养出了自我独立的需要，而儒家学说遵从秩序、尊重权威。古语中“君君、臣臣、父父、子子”倡导了要有秩序与等级，人们需要明白自己在社会中的位置。授权可能会令那些深受儒家文化影响的中国人感到不安。

同时，授权的含义也可能被误解。一位中国领导力专家曾告诉过我她的CEO决定给几个下属授权，但是并没有解释这个授权意味着什么。很多这样的经理人仅仅把授权解释为“去做吧”。因此，下属们会超越原本的企业政策和策略去做事情，造成企业内部的巨大混乱。

授权只有在含义和目的被清晰解释的情况下才能在中国取得比较好的效果。否则，授权就会被误解，甚至被滥用。

在中国如何授权

在中国，授权最好是逐步、分步骤地进行。首先，管理者需要向员工表达出希望他们独立承担工作的期望。管理者要在大概方向上提出需要做什么，然后表达出期望员工来决定如何最好地做。管理者还需要向员工解释问问题和犯错误都是可以被接受的，员工因为尝试新事物和创新而犯下错误可以免予处罚。就像前面提到的，这是一个逐步的过程，要频繁强化这样的信息——你希望员工能在管理者的具体指导以外独立工作。

还有两点需要考虑。第一点是确认能解释清楚为什么你认为授权是有价值的，授权是否被证明是一个有效的方法。首先，授权能产生很好的效果，因为被授权人往往是与工作距离最近的解决问题和具体执行的人。其次，比起仅仅告诉员工应该做什么，授权能带给员工更高的满意度。

第二点可能比较微妙，中国的员工希望他们的管理者是个实干家。我曾经在中国辅导过这样一位CEO，当我询问企业员工这名CEO的绩效表现时，一些员工说他们认为这名CEO的授权方式是他的缺点之一，员工们认为这名CEO应该更多展示出他能做好他授权给下属做的事。当CEO展示出稳固的专业知识和高水平的工作能力之后，才能更好地期待下属接受自己的授权，这点在中国很重要。

我曾经辅导过一个非常成功的美国管理者，他来到中国后面临了很大的授权问题。在美国，他可以告诉员工他期望做什么，两周后他再问起的时候，工作就会被完成。如果存在问题，员工就会问他，事情会进展的比较顺利。但是在中国却不是这样，他授权给一个人做事，这个人会答应，但是不会提出任何问题，当他在约定的时间回问起这件事的时候，事情还没有进展。这种事情发生了几次，让他产生了巨大的困惑，他认为他的中国员工在履行职责上并不像他的西方合作者那样严肃。我花了几个月的时间来帮助他理解在中国人们对授权的看法。他需要意识到自己因为把非常重要的工作留给员工而不是他自己而受到了员工的批评。同时，他还要理解在中国对于犯错误的厌恶。管理者们需要解释清楚（正像前面提到的）如果能从犯错误中学到东西那么犯错误就有巨大的价值。最后，他需要了解在中国采取逐步的方式会比西式的授权给一个人做事、回答问题、然后就离开的简单方式收获更多的成果。中国的员工希望自己的管理者能亲自上阵并且尊重层级结构的价值。

引入授权的技巧是要运用一种平衡的方式。大部分的基层员工还没有准备好被授权，他们需要管理者具体的指导。大部分的高级员工会因为获得授权而感到困惑（因为上面描述过的文化原因）。那些有野心、希望在企业中取得成功的人可能是授权的最佳候选人，但是正像前面提到的，管理者在授权的时候需要做出大量的解释工作，比如为什么授权是有价值的，对员工的特殊期望是什么，以及员工如何从授权中获益。

如果不提及新千年一代，对授权的探讨就不会圆满，新千年一代给很多的管理者出了一个难题，一方面他们希望被授权，不希望被管理的过于细化，另一方面，他们也需要方向和解释，因此，与新千年一代共事时，在授权和提供指导上找到合适的平衡点对于管理者而言有时是个难题。但是，如果你对你的行为进行解释，为什么你会授权或者提供指导，让员工理解你的意图，这个难题也有可能被化解。

8
阅享
Read
“赢在用人”的三星喜欢什么样的人 / 彭剑锋　金贤洙
为什么每个人都讨厌绩效管理 / 拉斯洛·博克

SAMSUNG

"赢在用人"的三星喜欢什么样的人

文/彭剑锋 金贤洙

不拘一格延揽人才的三星公司，被称为企业界的"联合国"。近年来，三星不断巩固全球霸业，积极将经营触角伸向世界各个角落：在三星位于京畿道水原的总部，来自印度、巴基斯坦、乌克兰与俄罗斯的工程师与工作人员让人感受到浓浓异国风情；三星不断向欧洲与北美等发达地区的人才伸出橄榄枝，欧洲与北美相继成为消费三星电子与手机产品的主要市场；随着三星经营版图的不断扩大，南美、印度等地越来越多的高新技术人才源源不断地涌入三星。

"选人比用人更重要"是人力资源管理中一项重要的原则。三星创立以来，一直坚持"企业就是人"的经营理念。然而，**什么样的人才是三星公司所认可的优秀人才呢？**其实从李秉喆到李健熙，两任三星会长的人才观可以说是截然不同：李秉喆喜欢踏实勤奋的"模范生"型人才，而李健熙则固执地坚持"一个天才养活十万人"。可以说，独特的人才观为三星带来了丰富多样而有活力的血液，使得三星成功地将世界上最优秀的员工收入麾下，缩小了三星在技术、管理、创新上与世界级企业的差距，成就了今天的三星。

青睐T字形人才的三星

李健熙特别推崇将T字形人才作为核心人才框架。因为与T字形相对的人才只精通某一特定领域而对其他领域一窍不通；相反，T字形人才不仅精通于自己的专业领域，还对其他领域有一定程度的了解，具有综合思维能力。T字形人才是三星公司创新力的来源。创新力的发挥依赖于丰富的知识和经验，在掌握自己领域的深度专业知识的基础上，更需要具有其他领域的相关知识。换言之，T字形人才是具有发散思维与洞察全局的能力的人，能够摆脱固有的思维模式，不是只局限于自己专业的"井底之蛙"。三星鼓励员工与其他领域的同事进行持续的交流，阅读哲学、历史、艺术史等方面的书籍，进行体育活动或者乐器演

奏等活动，丰富自己的知识结构，更丰富自己的生活。只有这样的人才，才是真正的“T字形人才”。

事实上，三星公司中，很多高层管理人员在学校中的专业和最初进入的领域，与他们现在的职位并不一样，但却在公司中得到了新的位置和更好的发挥。例如，三星电子（北美）市场营销策略高级副总裁彼得年轻时是一个音乐厅的钢琴师。他目前仍然喜欢弹奏钢琴，不过他在三星的职位不再是一个独奏者，相反，他领导着一批天才员工，在三星电子（北美）进行广泛的市场拓展策略。在三星，他发挥了自己在营销方面的天赋。

“仅仅培养人是不够的，要种苹果树”

三星的用人之术中最重要的是尽力发掘有潜力的人才，然后在企业中进一步地对其进行培养，开发他们的潜力，甚至让他们的“隐形”才能显性化，最大限度地发挥他们的作用。因此，从创始人李秉喆开始，选人与育人这两个过程就是不可分割的。三星公司强调，吸纳人才时应该注意在实践中培养其本职能力，循序渐进地引导其发挥自己的潜力，尤其注意早期培养，称之为“育成性能力主义”。三星作为一个深谙东西方文化精髓的国际化企业，在选拔人才时，不仅重视天才级的“空降兵”，更重视由公司内部项目逐渐培育起来的人才；既尊重个人的主观意图，又看重个人对组织的贡献度。其中，针对高校推出的一系列项目非常有特色，大批青年才俊在事业起步的初期就进入三星公司学习与工作，在实践中感受与体验三星文化，项目结束后，他们被打造成了符合三星气质的人才进入公司。可以说，一系列以选才为目的的育才项目为三星公司建立了高质量的人才库，成为三星人才的源头活水。

“没有完美的人，只有合适的人”

从企业的角度来讲，没有一个企业愿意招聘那些与自己的企业文化有冲突的人，因此从选拔人才的开始——招聘阶段，就要求面试官能够尽力剔除那些与企业文化不相容的人。三星这样一家有着悠久东方传统并融合西方文化的国际化大公司，其用人是有基本的底线的，对于道德感不强、责任感不足、组织忠诚感不强的人，是绝对不允许吸纳进组织的。因此，重要的并不是三星是否真的存在相人术，而是作为一家庞大的集团公司、以人才经营为本的公司，对于与组织不相匹配的人，三星会以各种方法逐步将他们剔除出组织。

三星公司坚持人才经营，而人才经营的开端就是招聘工作。在三星公司，招聘并不只是刻板的人力资源需求分析、简历筛选、笔试、面试等流程性的工作，招聘决定着三星的未来，因此，三星的招聘流程力求完美，对于招聘的每一个步骤都力求全员参与，做到流程化与精细化，可谓“步步精心”。

古语云：上下同心者，胜。可以说，三星之所以能够不断获取企业所需的人才，其秘诀首先在于上至最高经营者、下至人事部门的小小专员，都齐心协力投入招聘工作中。首先，即使是业务繁忙、分秒必争的最高经营者也一定要参与面试，这是三星的惯例。在三星招聘应届生的公开招聘中，第一个环节就是应聘者与高管的面谈。其实这是三星的“一箭双雕”之举：最高经营者参与面试，向整个企业传达了招聘的重要性；面试官是最高经营者这一事实，也使应聘者倍感荣耀，有利于树立公司正面形象，培养“准员工”们的企业忠诚感。最高经营者之下，所有的委员、部长都十分关心招聘，愿意参与到企业这一最重要的活动中来。在三星，能够担任面试官、面试协调员的都是企业最优秀的人才，能够参与招聘，这是三星人的荣耀。除此之外，非人事部门的一般员工，只要招聘与其业务相关，都会热情地参与进来。每个人都会发自内心地认为“面试及培训是我的重要工作”，在这个过程中，无论是从事面试相关工作，还是担任导师、培训负责人，每一位员工都义不容辞。

三星自上而下都高度重视招聘，而应聘者也能在竞聘的全过程中感受到这份认真。而三星的“二度聘用制”则让三星人有一种“曾经是三星人，就永远是三星人”的自豪感和忠诚感。

1997年以前，根据三星的人事政策，任何员工只要是因为违反公司规章制度而离开了三星，就不能再录用。然而，1997年以后，经历金融危机的三星发生了很大的结构调整，随着时代的发展，人事部门的政策开始有所变化。新的人才战略开始启动，三星这时也转变了固有的观点。三星的返聘制度即“二度聘用制”，体现了李健熙对核心人才的爱惜，他的指令是：“如果有需要，任何时候都可以二度聘用离职人员。”如今，在三星，二度聘用离职员工已成为惯例。哪怕是离开的人才，只要在核心人才范围之列，三星都无条件地珍惜，就算“三顾茅庐”，三星也要确保人才储备。

只要曾经是三星人，就永远是三星人，这种强烈的企业自豪感会始终萦绕在员工的脑海。“返聘制”使三星得益：首先，由于“鲇鱼效应”，经验丰富的老员工回归后，现有组织中的人增加了危机感，会更加用心地工作；其次，重新归队的CEO们不愿辜负李健熙的“知遇之恩”，有一种“士为知己者死”的热情，会更加积极地推动业务发展；再次，他们的“出走经历”让他们得到了服务于其他公司的经验与知识，可以在三星加以应用；最后，因为有再次回到三星工作的机会，离职者也就不会轻易地选择批评、埋怨自己的“娘家”。

（本文摘编自浙江大学出版社出版的《赢在用人：三星人才经营思变》一书）

Google 为什么每个人都讨厌绩效管理

文/拉斯洛·博克（谷歌首席人才官）

今天的绩效管理体系最大的问题在于它们替代了切实管理员工的关键行动。密歇根州立大学的心理学博士伊莱恩·普拉克斯现任该领域的顶级咨询公司PDrI主席，她发现“这个问题有一个关键，绩效管理降档为一些指标，经常在规范的行政体系下变得支离破碎……尽管正式的绩效管理体系本意是要推动……公司期望沟通、短期目标设定和持续性指导等日常活动……但是这些行为似乎已经与正式的体系偏离了很远”。

换言之，多数组织采用的绩效管理都成为墨守成规的官僚流程，不是为了改善绩效，而是为了管理而管理。员工恨它，经理恨它，就连人力资源部也恨它。

即便是在谷歌，我们的体系也远远算不上完美。对绩效管理的满意度一直以来都是年度Googlegeist调查中评分最低的部分。2013年年初，只有55%的谷歌人认为绩效管理过程令人满意。比其他公司30%的满意度要高，但依然很糟糕。抱怨最多的两个方面，一是用去太多时间，二是流程不够透明，由此引起员工对其公平性的担忧。那么我们做对了哪些事情，使我们的员工对评估体系的满意度达到其他公司的两倍，但却还不够满意呢？我们又做错了什么呢？

谷歌的绩效管理总是以目标设定为起点。在21世纪第一个十年初期，谷歌的董事会成员约翰·杜尔向我们推荐了一

种在英特尔非常成功的实践方法：OKRs（Objectives And Key Results，目标和主要结果）。目标必须具体、可度量、可检验；如果你达成所有结果，就能完成目标。比如，如果目标是将搜索质量提升*x*%，相应的关键结果是更好的搜索相关性（结果对用户而言多有用）和等待时间（多快找到搜索结果）。既要有质量标准，也要有效率标准，这一点非常重要，否则工程师完全可以解决一个问题，忽略另外一个问题。用3分钟的时间才给你找到完美的结果是不够的。我们既要求相关性强，又要求迅速。

我们刻意设定了非常有野心的目标，知道不可能每次都实现这些目标。如果你完成了所有的目标，就说明设定的目标不够激进。负责监管Google X（谷歌公司的一个部门）“开发出谷歌眼镜（一种置于眼镜内部的电脑，屏幕只有指甲大小）和自动驾驶汽车的团队”的阿斯特罗·泰勒这样描述：“如果你希望自己的车子能达到50英里的时速，没问题。你可以对车子稍加改造。但是如果我告诉你跑500英里只能用1加仑的油，你就需要重新设计了。”我们不会把所有目标都设定得非常激进，但是如何选择需要一些智慧。恰如拉里经常说的：“如果你设定了一个疯狂、有野心的目标，最后没能完成，你也至少能够实现一些了不起的成就。”

因此，季度刚开始的时候，拉里会设定公司的OKRs，激励每个人设定的个人OKRs要基本与谷歌整体相适应。我们不会让完美与良好形成对立。一旦你看到公司的目标，很容易就可以将其与自己的目标做对比。如果你落后得太多，要么给出一个合理的解释，要么就要重新设定。此外，每个人的OKRs在内网里都是对所有人公开的，就放在电话号码和办公室位置的旁边。能够看到其他人和其他团队在做些什么工作是一件非常重要的事情，而看到自己的目标与谷歌的目标相契合也能起到激励作用。最后，拉里的OKRs会根据他在季度报告中说明的公司表现，设定沟通透明化的标准，并确定恰当的高要求目标。

在目标的话题上，学术研究与你的本能结果一样：有目标能够提升表现。但是，浪费大量的时间在公司上下逐级统一目标却不是很有效。这样做将耗费太多时间，而且公司上下的目标也很难统一起来。我们采用了一种以市场为基础的方式，随着时间的推移，我们的目标都将汇于一点，因为顶层的OKRs已经众所周知，而且每个人OKRs也都清晰可见。偏离路线太远的团队会很引人注目，而为数不多的几项关乎所有人的工作也相对容易直接管理。直到现在为止，一切顺利！

2013年之前，每名谷歌人在每个季度末都会收到绩效考评结果。考评量表总共41级，绩效评分从1.0（表现糟糕）到5.0（表现惊人）。大致来说，低于3.0意味着偶尔或经常达不到期望值，3.0到3.4意味着能够达到期望值，3.5到3.9意味着你超过期望值，4.0到4.4意味着“大幅超过期望值”，4.4到4.9意味着“接近于惊人表现”，而5.0代表“表现惊人”。谷歌人的平均分在3.3到3.4。如果某人连续几个季度的平均分为3.7或更高，通常就能升职。这种做法没有任何创新可言。

考评体系是否科学仍存在不确定性。考评分级为3个或5个或10个或50个到底有没有不同，至今也没有可靠的证据证明。我们的41级考评量表源自我们的工程师基因。能够准确区分表现3.3和3.4的员工能够令人感到满足。如果将多

试了各种替代方式，从没有工作分级到800个工作分级，这使几乎每个人在每个季度都因升职而士气上涨。我们研究了年度、季度、月度和实时绩效考评。我们考虑过3分和50分的考评分数体系。我们争论过是用数字还是某种主题词作为标签标注每一个绩效分类，甚至还反复考虑过无意义的主题词，以避免人们将注意力放在标签上。

我们组织了协调委员会、咨询委员会，甚至就一些问题展开了员工投票。

最终，我们总结了三条经验。

（1）不可能达成一致意见。没有明确证据的情况下，所有人都可以成为专家，而且每一种都可能有人支持。人们对于绩效分级为5个还是6个之类的问题都很有主见。即便是对谷歌现行最不讨人喜欢的流程进行调整，也不可能找出一个令所有人满意的解决方案。尽管人们似乎不喜欢现有的体

个季度的评分进行平均，就可以精确地区分3.325和3.350的表现。如果你认为小数点后3位的评分已经过时了，其实我们还有4001级的考评体系！我们开发出极为复杂精细的解析法，确保你的评分略高一点，就能得到略高一点的奖励。但实际上这些并没有意义。尽管我们在组织考评上用了很多时间，但等到设定薪水和奖金的时候，经理或后来的评审者有2/3的时候会进行调整。我们的经理每3个月就要用上数千小时组织绩效考评，考评过程的精确程度近乎滑稽，但是却不能作为确定薪酬的可靠依据。

同样，一年进行四次绩效考评也遭遇到同样的窘境。我们采用这种方式，一方面是由于在谷歌迅猛发展的几年里，这样做有利于我们管理员工的工作；另一方面是由于我们希望确保对员工的评估总能与实际匹配。然而，我们发现，一年中有多达24周的时间在分配考评任务、校准评级（我将用几页的内容解释校准评级的意义——这一点很重要）或就考评结果进行沟通。有些经理喜欢这个频率，辩称这样可以迫使他们经常检查员工工作，以便发现绩效突然变差的员工。但这种评分体系只起到一种支撑作用。我在此无意要求他们停止检查未参加评估的员工，但是为了发现500名陷入困境的员工却要评估5000人，看起来似乎是一种浪费。

2013年，我们用去大部分时间探索是否有更好的方法。我们尝

系，但是他们更不喜欢其他任何选择！

（2）人们对待绩效管理非常严肃。比如，我们就绩效分类的标签征询谷歌人的意见，结果得到4200多张投票。大趋势倾向于严肃、明晰，而不是异想天开。

（3）实验至关重要。没有外部证据的情况下，我们必须自己动手，与谷歌各个部门的领导者协作，帮助他们测试想法。在YouTube，他们尝试将所有人按照最高效到最低效的顺序进行排名，不论员工级别，排名之后发现最高效的两人是中层员工，而后两人得到了YouTube最高股权奖励。虽然获奖励人的具体奖励并没有公布，但是每个人都知道有这样的事情出现。我们还在另外的部门尝试将绩效考评分为5级，经理们发现相比此前41级的绩效评估，在部分项目上满意度要高20%。

我要特别强调这项工作对人力运营部而言的难度。我们的工作并不关乎生死，但是员工会抱怨，会抗议，最终可能会辞职。我们在谷歌面临的挑战在于，因为我们给了谷歌人太多的自由，因为我们以数据为导向，因为谷歌人关注公平性以及我们对待彼此的方式，所以要做出此类改变需要艰苦卓绝的努力。我们接触的每一个团队都对现行的体系非常失望，但是每个团队又都不愿做一些新的事情。而单单是在我们的YouTube部门，就提出十几种不同的新考评体系进行尝试。我非常自豪，人力运营团队在实现这些改变的过程中坚韧、有见解、细心，而我更要感谢那些与我们合作的团队，他们放弃了谷歌15年的传统，尝试了一些新的东西。

根据我们的实验，2013年年初我们停止了季度考评，改为6个月进行一次。虽然还有些人抱怨，但并没有造成任何损失。这一改革立刻节省了50%的考评时间。

2013年年底，我们选定了全公司大约15%的员工，一共6200多位谷歌人，改为采用5级考评量表：需要改进、持续达到期望值、超过期望值、大幅超过期望值和表现杰出。与以前的标签类似，但是实质的评分级别变少了。

我们秉持了医学的宗旨：Primumnonnocere，即首先不要造成任何伤害。鉴于这是第一次尝试这种改变，我们设定的目标仅仅是达到采用旧的考评量表时相当的满意度、公平性和效率即可。我们发现，一旦跨越了最初的怀疑和认知阶段（“你说我不再是3.8是什么意思？我很努力地工作才得到3.8的！”）就不必再为0.1的评分差别而苦恼、浪费时间了。

经理也被迫与员工进行更有意义的对话，而不是将一切都隐藏在“你这个季度的考评分数提高了0.1。干得不错，继续努力”之类的话中。

看到“准确性”没有丧失，我们长舒了一口气。我们将5级量表考评体系下谷歌人的感受与41级量表下谷歌人的感受做了对比。我们问了如下问题：

- 绩效水平低下的人识别出来了吗？
- 适合升职的人识别出来了吗？
- 讨论有意义吗？
- 过程公平吗？

在全公司范围内，新流程的评价并不比旧的差。虽然看起来似乎只是一场得不偿失的胜利，但是我们却长长地舒了一口气。有些谷歌人担心41级的考评量表所传递出的准确性会丧失，也就意味着我们的评分会不那么有用和有意义。但现实中谷歌人调查结果显露出我们一直怀疑的一个问题：41级考评量表只是给了人有准确性的假象。

多数谷歌人都承认，很多考评体系下多0.1或少0.1的评分并没有什么区别。比如，对3.1和3.2之间的差别从来都没有一致的结论。正如我们人力与创新实验室成员梅根·胡特所解释的：“这种状况下的考评可能既不可靠也没有效力。同一个人，同样的表现，但是由于考评人和校准团队的不同，她得到的评分可能是3.2，也可能是3.3。这就意味着考评不可靠。如果她得到了3.3，实际表现却只是3.2，那么就说评考评也没有效力——评分没有反映实际情况。”

因此，考评体系如梅根所说的并不完善。也就是说，我们应该告诉员工：“吉姆，你的绩效表现介于3.3和3.5之间。”但现实中我们并不是这么做的，经理拿到一个分数，就会给分数赋予一定的含义。因此，如果某人的考评分数从3.3提升到3.5，就会认定他取得了进步，但实际上他的表现可能还保持在原来的水平。再想象一下，你的考评分数降低了，对你的评述认为你的表现变差，但实际上只是测评的误差，这时你的处境该多么糟糕啊。

而后，发生了一些有趣的事情。这6200位谷歌人分属8个不同的部门。其中总人数1000人的三个团队决定对5个绩效分类做进一步细分。比如，有一个团队对每一个分类进一步分为三个次级分类；这样明星谷歌人就可能得到“特别杰出”“中等杰出”或“低水平杰出”的评定。

在你阅读本书时，所有谷歌人都已经开始采用5级考评量表了。在2013年年底，这还处于实验阶段，但最初的种种迹象都很好。第一，这种体系下员工能够得到更多的考评结果反馈，替代了以往3.2和3.3之间的模糊区别。第二，这种体系下的绩效分布更广。我们缩减了绩效考评的分类，经理就更可能利用考评体系的两极。尽管关于绩效考评体系的学术研究尚无定论，而且谷歌人的反馈意见也都趋于中立，但是我发现5级分类的考评体系至少在上述两个方面具有优势。

2014年中期，我们看到了更积极的效果。我们认为不同的工作所产生的影响力有所不同。如果你是一名工程师，你的新产品可能使100人或10亿人受益。如果你是一名招聘人员，即使再怎么努力，也不可能有足够的时间影响到10亿人。我们不再引导何为正确的考评分布之后，发现了四种各不相同的考评结果形态，能够更好地反映不同团队和个体的实际绩效特征。

我们还发现，经理对考评体系两极评级的使用翻了倍。获得最高评级的员工比例提高，更好地反映了实际绩效表现。同时，落在最低一档绩效分类的耻辱感也有所降低，经理也可以相对轻松地与陷入困境的员工进行直接而真诚的交谈，帮助他们改进。

经过反复的争论和一段时间的混乱，我们废除了过去那种不准确且浪费资源的考评体系，用一种更简单、更准确，且校准时间也未增加的全新考评体系取而代之。在此要说明一点，在这个问题上直到现在仍有争论和混乱！但我们正慢慢地度过这个时期。我们已经看到，员工对新体系越来越适应，也更加赞赏这套体系。

（本文摘编自《重新定义团队：谷歌如何工作》，中信出版社2015年12月出版）

投稿邮箱：hongfeng.yang@zhaopin.com.cn
订阅电话：010－58692828－68302/68229/68168